Marianna F. ed Eugenio Arcidiacono

TESTIMONE DI INGIUSTIZIA

La mia vita da fantasma per aver denunciato la 'ndrangheta

SAN PAOLO

Piazza Soncino, 5 - 20092 Cinisello Balsamo (Milano)
www.edizionisanpaolo.it
Distribuzione: Diffusione San Paolo s.r.l.
Piazza Soncino, 5 - 20092 Cinisello Balsamo (Milano)

ISBN 978-88-922-2198-7

Ai bambini calabresi,
perché da grandi non siano costretti
a fuggire dalla loro terra.

Sam: «È come nelle grandi storie, padron Frodo, quelle che contano davvero erano piene di oscurità e pericolo e a volte non volevi sapere il finale, perché come poteva esserci un finale allegro, come poteva il mondo tornare com'era dopo che erano successe tante cose brutte. Ma alla fine è solo una cosa passeggera, quest'ombra, anche l'oscurità deve passare, arriverà un nuovo giorno, e quando il sole splenderà sarà ancora più luminoso, quelle erano le storie che ti restavano dentro, anche se eri troppo piccolo per capire il perché, ma credo, padron Frodo, di capire ora. Adesso so, le persone di quelle storie avevano molte occasioni di tornare indietro e non l'hanno fatto... andavano avanti, perché loro erano aggrappati a qualcosa».

Frodo: «Noi a cosa siamo aggrappati Sam?».

Sam: «C'è del buono in questo mondo, padron Frodo... è giusto combattere per questo!».

Dal film *Il Signore degli Anelli: Le due torri*,
di Peter Jackson

Prefazione
di Enzo Ciconte*

Quando si parla di mafia il pensiero corre subito alla violenza assassina che spegne la vita di altri mafiosi o di vittime innocenti. Poi, negli ultimi decenni, soprattutto dopo il maxiprocesso di Palermo e le rivelazioni di Tommaso Buscetta, l'attenzione s'è spostata sui collaboratori di giustizia, i pentiti, come di solito, con un termine improprio, vengono chiamati i mafiosi che hanno deciso di recidere i legami con la propria organizzazione.

Sangue e vittime sono in ogni caso il pensiero dominante che è associato al nome di mafia. In fondo, nella lunga storia delle mafie italiane, sangue e vittime sono sempre state presenti.

* Docente di Storia delle mafie italiane all'Università di Pavia. Consulente della Commissione Parlamentare Antimafia dal 1997 al 2010. Autore di *'Ndrangheta dall'Unità a oggi*, primo studio storico su questa associazione.

Pochi, però, si sono interessati di un altro tipo di vittime, quelle che hanno trovato la forza e il coraggio civile di denunciare e di indicare i colpevoli di omicidi o di altre nefandezze compiute dai mafiosi.

Il libro di Eugenio Arcidiacono ci racconta la storia di una donna, Marianna, e di una famiglia che in un paesino del crotonese hanno trovato la forza di ribellarsi. C'è solo il nome della donna e manca quello del paesino. E sono dettagli importanti, per capire il contenuto e l'essenza del libro. Se, a distanza di tantissimi anni, quei nomi sono ancora coperti vuol dire che permane ancora un problema irrisolto. E che problema!

Marianna fa un racconto asciutto, senza orpelli, crudo, a tratti drammatico, della sua odissea – è proprio il caso di dirlo – che dal paese dov'era nata l'ha catapultata in posti sconosciuti, in località dove lei e i suoi familiari sono stati dei fantasmi e hanno vissuto senza un'identità non potendo utilizzare i loro veri nomi per evitare la vendetta della 'ndrangheta.

Il racconto di Marianna parte dall'infanzia quando nel paese non c'era ancora la 'ndrangheta che s'è formata in tempi recenti e con una violenza bestiale che ricalca e riproduce quella della faida che ha insanguinato altri comuni calabresi e non solo calabresi perché la faida ha radici antiche e solide ben piantate nei secoli scorsi. Con parole semplici ed efficaci Arcidiacono ci fa vedere alcune caratteristiche della 'ndrangheta conosciuta da Marianna.

Perché parlando di Marianna parlo di una vittima? Perché le vittime non solo quelle uccise – e nella sua famiglia due fratelli sono stati assassinati e un terzo non ha retto psicologicamente alla tragedia – ma sono anche quelle che, sopravvissute, dopo aver reso la propria testimonianza sono state costrette a vivere una vita schiacciata dalla paura di essere riconosciute e a loro volta uccise, e annichilite dall'umiliazione di uno Stato schizofrenico che agisce in modo confuso e contraddittorio e non ha la capacità di difendere e di proteggere chi ha avuto il coraggio di fidarsi di lui.

Forse ci vorrà ancora del tempo prima di comprendere che i collaboratori di giustizia hanno una loro importanza, ma che i testimoni di giustizia hanno un'importanza ancora maggiore perché i primi hanno una funzione statica e si limitano a raccontare quello che è a loro conoscenza, e la loro funzione si esaurisce con la testimonianza nei processi, mentre i testimoni hanno una funzione dinamica e, soprattutto se rimangono nei paesi d'origine come si sta cercando di fare negli ultimi anni, hanno una funzione permanente di ricordo e di testimonianza che una via alternativa a quella della sudditanza alla mafia è possibile.

Marianna ci racconta il fallimento non suo, perché lei non s'è pentita della scelta fatta, ma degli apparati di protezione dello Stato e dei burocrati che li dominano. Il suo racconto reclama il superamento di situazioni come quelle descritte nel libro.

Non s'è pentita Marianna, e, forte della sua fede, ci dice di persone meravigliose incontrate sulla sua strada, e continua a testimoniare come fece tanti anni fa. Una testimonianza che fa riflettere.

Introduzione

Non l'avevo mai vista, ma ho capito subito che era lei, nonostante la piazza a quell'ora del mattino fosse piena di gente. Camminava a passi svelti e si guardava continuamente intorno. Come se qualcuno la osservasse. O la seguisse. Ma anche lei mi ha riconosciuto immediatamente. E non solo, credo, perché mi trovavo proprio davanti all'edicola che mi aveva indicato.

Un sorriso, una stretta di mano, poche parole: «Ha fatto un buon viaggio? Conosco un bar qui vicino dove possiamo parlare».

Il mio rapporto con Marianna F. è iniziato così.

Qualche settimana prima avevo scritto per il sito di *Famiglia Cristiana*, il giornale per cui lavoro, un pezzo sui collaboratori e sui testimoni di giustizia. Nulla di particolare, avevo solo riportato gli ultimi dati sulla condizione in cui vivono centinaia di persone che hanno dato un contributo spesso decisivo alla soluzione di delitti di mafia, ma che si sentono traditi e abbandonati dallo Stato. Lo spunto era stato l'omicidio, tuttora irrisolto, di Marcello Bruzzese, fratello di un boss della 'ndrangheta divenuto collaboratore di giustizia, crivellato di colpi nel garage della sua casa di Pesaro. In passato, mi ero occupato di questo tema in altre occasioni, in particolare con un'intervista a Gianfranco Franciosi, il testimone di giustizia che si era addirittura trasformato in un infiltrato delle forze dell'ordine facendo sgominare un'organizzazione di narcotrafficanti, vicenda che poi è diventata un libro e una serie Tv, *Gli orologi del diavolo*. Il giorno dopo la pubblicazione dell'articolo, avevo ricevuto una mail: era di Marianna che, in poche parole ma con estrema precisione, mi raccontava la sua vicenda di testimone di giustizia contro la 'ndrangheta, chiedendomi se potevo ricavarne un articolo di denuncia. Il materiale era molto interessante, ma andava verificato. Lei aveva cominciato a inviarmi alcuni documenti, io avevo fatto qualche ricerca e in breve mi ero ritrovato tra le mani una storia incredibile. Così siamo arrivati a quella mattina in piazza.

Marianna mi ha subito detto che aveva scelto quel posto perché lei si sente molto più al sicuro in luoghi affollati e per questo motivo ci siamo diretti in un bar poco distante, che lei conosceva bene, per parlare con calma: il via vai di clienti era continuo, ma allo stesso tempo c'era una saletta che garantiva la necessaria tranquillità. Marianna ha iniziato a parlare e io a registrare. All'inizio ogni tanto sembrava perdere il filo del discorso. I suoi occhi si fissavano di colpo verso l'entrata del bar, come se dà lì potesse arrivare qualche minaccia. Ma poi pian piano si è sciolta ed è diventata un fiume in piena: i suoi ricordi erano sempre nitidi e il suo tono di voce era appassionato ma fermo, anche quando le toccava di rievocare gli eventi più dolorosi della sua vita.

Credo che a metterla a suo agio abbia contribuito il fatto che le ho rivelato che anche nelle mie vene scorre sangue calabrese. Tra noi ci capiamo subito: ci unisce uno smisurato orgoglio per essere legati a una terra meravigliosa e un'altrettanta incontenibile rabbia per le sue condizioni che sembrano destinate a non cambiare mai, se non in peggio. Quella conversazione si è poi trasformata nel pezzo portante di un'inchiesta pubblicata su *Famiglia Cristiana*.

Ma entrambi abbiamo capito che non era abbastanza. Il coraggio, il dolore, le speranze, le delusioni che Marianna ha provato e continua a provare da oltre vent'anni meritavano di essere accolte in un libro. Abbiamo così iniziato a vederci con cadenza più o meno regolare: ogni volta lei sceglieva un luogo e un orario diverso e io in treno la raggiungevo. Raccoglievo i suoi racconti, li integravo con i documenti giudiziari che lei mi portava, poi a casa mettevo tutto insieme e glielo spedivo. Lei leggeva, faceva le sue osservazioni, e poi mi dava appuntamento per la volta successiva. A volte, dopo aver notato il respiro letterario con cui rievocava alcuni momenti del suo passato, le dicevo di fissarli lei stessa su carta. Così è nato il nostro libro.

Fin dall'inizio abbiamo scartato l'idea di realizzarlo sotto forma di intervista, perché volevamo che avesse la forza emotiva di un romanzo, anche se di inventato nelle pagine che seguono non c'è nulla, a parte riferimenti a nomi e località quando ciò si è reso necessario per tutelare la sua sicurezza. Quindi, anche se materialmente l'ho scritto quasi tutto io, è lei che racconta in prima persona la sua storia. La storia di una donna straordinaria di cui ora mi onoro di essere amico.

Eugenio Arcidiacono

1

I raggi di sole sul mio letto

Quando ero bambina, il mio paese, che si trova a una manciata di chilometri da Crotone, era un'oasi felice. Anche da noi in tanti erano emigrati al Nord o in Germania, ma chi era rimasto non se la passava male grazie soprattutto alla presenza di due fabbriche: uno zuccherificio e un'azienda che produceva conserve di pomodori. Anche mio padre in estate andava allo zuccherificio. Il resto dell'anno faceva il contadino. Avevamo un terreno che ci dava olio, pomodori, arance e uva.

Io crescevo felice con i miei tre fratelli e mia sorella e a scuola andavo molto bene. Come tutti i paesi della costa jonica calabrese, anche il mio è diviso in due: una parte collinare e una parte che dà sul mare. Finite le scuole, andavamo ad abitare in una piccola casetta di legno a pochi passi dalla spiaggia. Le orribili costruzioni abusive, spesso mai finite, che come scheletri sempre sul punto di sbriciolarsi sfregiano le nostre coste, ancora non c'erano. Conservo un ricordo nitido di quel tempo: mi svegliavo con i raggi di sole che, dalle fessure del legno, lambivano il mio letto. Passavo giornate intere a nuotare, in un'acqua così trasparente che non ho più visto da nessun'altra parte.

Come tutti i calabresi, ho sempre avuto un legame fortissimo con la mia terra e speravo un giorno di far conoscere le sue immense bellezze anche a chi non c'era mai stato. Ricordo quando frequentavo l'università a Pisa. Al ritorno dalle vacanze al mio paese avevo la pelle scura come un'africana. Mostravo le foto ai miei amici, che invece erano stati a Viareggio o sulla riviera romagnola, e loro restavano stupefatti: ma davvero la Calabria è così bella? Sì, la Calabria era ed è bellissima. Solo che nessuno lo sa. E la colpa è solo di noi calabresi.

Da bambina, dopo mio padre, avevo un altro modello di riferimento: mio fratello Francesco. Ci separavano solo due anni, ma lui sembrava molto più grande di me. Io sono sempre stata un po' taciturna, lui invece parlava con tutti. Anche se era andato a scuola solo fino alla terza media ed era ancora un ragazzo, gli bastava frequentare il bar per parlare con disinvoltura di qualsiasi argomento e conquistare il rispetto di tutti. Quando qualcuno mi incrociava per strada, mi chiedeva: «Ma tu sei la sorella di Francesco?».

Era un leader nato e io lo ammiravo.

Il mio paese era un'oasi felice anche per quanto riguarda la presenza della criminalità organizzata. Ci arrivavano le notizie degli agguati mafiosi in Sicilia o dei sequestri in Aspromonte, ma a noi sembravano realtà lontanissime, con cui non saremmo mai entrati in contatto. Del resto, chi era mai stato a Reggio Calabria? Al massimo si andava a Catanzaro.

Lungo la costa jonica corre un'unica strada, la statale 106: cinquecento chilometri che collegano Taranto a Reggio. Da sempre tutti la chiamano "la strada della morte" perché per lunghi tratti è stretta, tortuosa e attraversa i centri abitati: gli incidenti sono all'ordine del giorno, allora come oggi. E al suo fianco, allora come oggi, corre la ferrovia, a binario unico, percorsa da trenini scalcinati che collegano tutti i paesi. Per andare a Reggio, che dista da noi meno di duecento chilometri, in treno potevi metterci (ma la situazione non è cambiata molto, anzi) più di quattro ore. Peggio ancora se volevi andare a Cosenza. Ecco perché, ancora oggi, la Calabria è per molti aspetti un corpo estraneo al resto d'Italia. Ma almeno allora nessuno in paese parlava di mafia o di 'ndrangheta.

Ricordo quando a Palermo uccisero il generale Carlo Alberto dalla Chiesa. Qualche anno dopo, uscì un film sulla sua storia. Io e Francesco comprammo la videocassetta e lui ne rimase molto impressionato. Quel carabiniere che aveva sacrificato la sua vita per la giustizia era diventato un suo idolo. Mai avrei immaginato che pochi anni dopo proprio i carabinieri avrebbero bussato a casa nostra per cercarlo.

2

Sangue nel silenzio

Quasi senza accorgermene, giorno dopo giorno le cose attorno a me cambiavano. All'inizio e alla fine del paese, ma anche sotto la mia scuola, vedevo ragazzi che stazionavano lì per ore. Li conoscevo tutti benissimo.

Uno di loro era considerato una specie di eroe perché una volta, con un coltello, aveva minacciato il bidello che voleva convincerlo a restare a scuola. Di lì a pochi anni sarebbe diventato uno dei boss più feroci della 'ndrangheta. Un tempo consideravo lui e gli altri solo come dei bulletti, ragazzi prepotenti da cui stare alla larga, ma nulla più. Ora invece avevano un'aria diversa, molto più cattiva. Controllavano chi entrava e chi usciva dal paese, come se fossero uomini delle forze dell'ordine. Si sostituivano a uno Stato che non c'era. Ogni tanto li vedevo anche dalle finestre del mio liceo: si scambiavano armi o bustine con una polvere bianca.

Poi hanno iniziato a sparare. Ragazzi che fino a poco tempo prima mangiavano e dormivano insieme, da un giorno all'altro impugnavano una pistola e facevano fuoco l'uno contro l'altro, all'inizio mirando solo alle gambe.

In classe chiedevo ai professori cosa stava succedendo, ma loro mi dicevano di non immischiarmi: erano cose che non ci riguardavano. Fuori dalla scuola sventolava la bandiera italiana, ma anche lì lo Stato non c'era. Lo stesso mi ripetevano i miei compagni: bastava continuare a farsi i fatti propri e non ci sarebbe successo nulla.

E invece un pomeriggio ci siamo ritrovati i carabinieri in casa: qualcuno aveva fatto esplodere una bomba davanti allo studio di un medico e i militari pensavano che Francesco fosse in qualche modo coinvolto. Perquisirono la casa, ma non trovarono nulla e in seguito accertarono che non c'entrava niente. Ma purtroppo era vero che aveva iniziato a frequentare brutte compagnie. Noi ovviamente eravamo preoccupatissimi. Francesco tentava di rassicurarmi: «Io ci tengo a mantenere buoni rapporti con tutti, ma non mi succederà niente. Tu pensa solo a studiare, ora andrai all'università. E mi raccomando: lascia perdere i carabinieri». Anche se non era un mafioso, ormai ragionava come loro: aveva dimenticato il generale dalla Chiesa.

Gli scontri intanto diventavano giorno dopo giorno sempre più sanguinosi e dai ferimenti in breve si era passati agli omicidi. In uno di questi agguati, rimase ucciso zio Pino, il fratello di mia madre. Non lo frequentavo molto. Sapevo solo che era un uomo tranquillo, che coltivava la terra come mio padre. Al tempo stesso, era molto rispettato in paese: quando c'era un litigio, una contesa su qualcosa, si andava da lui che con i suoi consigli cercava di appianare la situazione. Ma tutto ormai era cambiato. In seguito seppi che quando i due giovani capo clan emergenti avevano deciso di fare il salto di qualità entrando nel mercato della droga, sull'esempio delle famiglie della locride e della piana di Gioia Tauro, zio Pino si era opposto.

Questa scelta gli costò la vita.

I miei genitori allora, nonostante Francesco tentasse in ogni modo di convincerli a non farlo, si presentarono dai carabinieri e raccontarono quello che sapevano. I due aspiranti boss finirono in carcere. Nessuno, prima di allora, aveva mai fatto una cosa simile: era semplicemente impensabile. Allora i programmi di protezione praticamente non esistevano e così restammo lì, in balìa di un intero paese. Parenti, amici, semplici conoscenti e gente che non ci aveva mai rivolto la parola: tutti iniziarono a trattarci come appestati per il torto che avevamo inflitto a due persone che tanto bene, secondo loro, avevano fatto per la comunità. Noi invece ci eravamo affidati allo Stato perché i miei genitori, nonostante fossero persone molto semplici, avevano sempre avuto fiducia nelle istituzioni, al contrario di molti altri che, quando avevano un problema con qualcuno, preferivano chiedere giustizia a uomini degni secondo loro di rispetto. Lo Stato invece era un nemico: o era assente o, peggio ancora, era sempre pronto a metterti i bastoni tra le ruote.

Ho visto di recente una fiction in Tv ambientata in Calabria che ricostruisce la strage di Duisburg del 2007. Il protagonista, un poliziotto ispirato a una figura reale, ricorda di aver deciso di prendere la divisa quando da bambino subì il furto della bicicletta che gli avevano appena regalato. Scoprì che era stato il figlio del suo vicino di casa. Allora andò dal padre perché lo aiutasse a riaverla indietro. Ma lui gli rispose che, appena avrebbe potuto, gliene avrebbe comprata un'altra. Il bambino che gli aveva preso la bici faceva parte di una famiglia legata alla 'ndrangheta e quindi non c'era niente da fare.

Anche i miei genitori alla fine, dopo undici mesi di inferno, fecero come il padre di quel futuro poliziotto: abbassarono la testa. Non ressero a tanta pressione e decisero di ritrattare le accuse. Così, i due boss tornarono liberi e il loro prestigio in paese, già alto, diventò enorme. Con il senno di poi, mi ripeto che se lo Stato avesse voluto, se non avesse drammaticamente sottovalutato quanto stava avvenendo, un sistema per non scarcerarli lo avrebbe trovato. Non andò così e la nostra vita fu distrutta.

3

Un fratello morto ammazzato

Ottenuta la maturità, decisi di proseguire gli studi a Pisa, lontano da quella terra da dove quasi ogni giorno arrivava la notizia di un nuovo omicidio. Arrivava a noi perché eravamo calabresi, ma sui giornali e nei Tg nazionali non se ne parlava mai. In Sicilia, grazie a magistrati come Giovanni Falcone e Paolo Borsellino, vedevo in televisione i boss mafiosi dietro le sbarre al maxiprocesso, mentre della guerra in corso in Calabria sembrava non importasse a nessuno. Ma lì avevo lasciato il resto della mia famiglia.

Ero preoccupata soprattutto per Francesco, perché ormai era chiaro che si era cacciato in un gioco molto più grande di lui. Così, quando mia madre mi chiamò per dirmi che lo avevano ucciso, fui distrutta dal dolore, ma allo stesso tempo dentro di me sentivo che me lo aspettavo, anche se facevo di tutto per cancellare quel pensiero orribile. Lui era troppo sveglio e, secondo la logica spietata della 'ndrangheta, non poteva continuare a vivere, perché prima o poi avrebbe cercato di vendicare lo zio.

In Calabria la famiglia è tutto: i legami di sangue fanno sì che sia impossibile vivere isolati. Ciò che succede non solo a tuo fratello, ma anche a tuo cugino ha sempre delle ricadute pure su di te. Questo da un lato è bello, perché sai sempre che in caso di bisogno non sarai mai lasciato solo. Ma alla lunga ti soffoca, perché ti obbliga a obbedire anche a logiche che non condividi. Se fai del bene a qualcuno, ti sarà riconoscente per sempre. Ma se gli fai un torto, il rancore che proverà per te sarà altrettanto implacabile. Per un calabrese non esistono vie di mezzo. La 'ndrangheta fonda la sua forza proprio su questa concezione arcaica della famiglia. Non c'è una cupola, una struttura verticistica come in Cosa Nostra. I territori vengono spartiti tra le famiglie, che sono sempre imparentate tra loro per rafforzare i legami di sangue e quindi di fedeltà reciproci. Per questo nella 'ndrangheta ci sono pochissimi collaboratori di giustizia: chi mai andrebbe a denunciare il marito, il cognato, lo zio, il cugino? E, sempre per questa logica, se qualcuno di un'altra famiglia fa del male alla tua, è impossibile che resti impunito.

L'esempio più clamoroso di questa cultura aberrante è stata la faida di San Luca, il piccolo paese dell'Aspromonte considerato il cuore pulsante della 'ndrangheta. A partire da uno stupido scherzo, un lancio di uova e farina contro un circolo ricreativo, nel 1991 è iniziata una guerra tra le famiglie dei Nirta-Strangio e quelle dei Pelle-Vottari. Una scia di sangue che è durata fino al 2007, quando a Duisburg, in Germania, all'uscita da un ristorante, sei ragazzi furono massacrati con settanta colpi di mitra: il più giovane aveva appena 16 anni. In tutti questi anni, gli omicidi sono stati scanditi da un codice ben preciso: sono stati tutti commessi in un giorno di festa, da Natale a Ferragosto. Perché in questo modo per i parenti delle vittime quella ricorrenza non sarebbe più stata un'occasione di gioia come per gli altri, ma al contrario un giorno in cui la ferita sanguina più copiosa.

Francesco sapeva quindi benissimo di essere in pericolo, ma era in trappola. Una pattuglia della polizia un giorno lo fermò e gli trovò addosso una pistola non registrata. Così gli impose l'obbligo di dimora. Non potendo allontanarsi dal paese, decise di acquistare un auto con i vetri blindati. Ma fu tutto inutile. Sentendosi braccato, usciva di casa solo un paio d'ore dopo pranzo, usando sempre l'auto. Un pomeriggio di sole, i killer lo avvicinarono in moto e fecero fuoco con fucili di nuova generazione, in grado di sfondare ogni protezione. Morì così: un ragazzo solo, in mezzo a una strada, lui che fino a pochi anni prima era stato amato da tutti, forse anche da chi lo aveva ammazzato.

Questa volta, papà e mamma scelsero di non andare dai carabinieri. «Se mi vengono a cercare, allora forse parlo. Altrimenti no», mi diceva al telefono papà. Sapeva benissimo che dietro la morte di Francesco c'era la mano dei due boss che aveva denunciato. Ma stavolta sulla sete di giustizia prevalsero la paura e la sfiducia.

La ferocia della 'ndrangheta nel mio paese aveva iniziato a colpire pure gli innocenti. Durante un agguato in una pizzeria contro un pregiudicato, un ragazzo di 16 anni che stava vedendo una partita in Tv con gli amici finì in mezzo ai colpi di fucile a pompa sparati a raffica: i suoi amici rimasero feriti, lui non ebbe scampo. Più di venti persone avevano assistito a quella mattanza, ma nessuno parlò. E mio padre ci aveva visto giusto, perché non venne convocato per testimoniare sull'omicidio del figlio.

Evidentemente, gli inquirenti consideravano Francesco un pesce troppo piccolo nella scia di morte che insanguinava il paese. Ed era la verità: il mio povero fratello si illudeva che bastasse dire la parola giusta al momento giusto per andare d'accordo con tutti. Anche con chi ormai parlava solo con le armi.

4

Un killer in casa mia

Per sopravvivere al dolore, mi concentrai sugli studi a Pisa. Da un po' di mesi non ero più sola: Luigi, il mio fratello minore, aveva deciso di raggiungermi. Come me, voleva lasciarsi alle spalle quella terra che ormai non riconosceva più e iniziare una nuova vita. Aveva 18 anni, era in gamba e trovò subito una casa e un lavoro. La sera ci si vedeva con i nuovi amici. Io avevo pure trovato un ragazzo che mi voleva bene. Ci illudevamo di aver finalmente ritrovato una vita normale. Ma il nostro sogno durò solo tre anni, durante i quali, dopo i funerali di Francesco, non tornammo mai al paese.

Un giorno alla casa dello studente dove alloggiavo si presentò Vincenzo. Era del nostro paese pure lui. Non posso dire che fosse un amico, ma lo avevo sempre considerato un ragazzo a posto. Mi disse che era capitato lì per caso e che da poco tempo si era trasferito a Pisa, anche lui per lavoro. Non mi sembrò strano: c'erano tanti altri calabresi in una città che offriva molte opportunità sia a chi voleva studiare che a chi cercava un'occupazione. Vincenzo mi disse che gli dispiaceva tantissimo per quello che era successo a Francesco e io gli proposi di venire nella mia stanza per prendere un caffè insieme. Quella sera era venuto a trovarmi Luigi e così Vincenzo rivide pure lui. Ci raccontò che stava cercando casa e mio fratello, che viveva da solo, gli propose subito di condividere l'appartamento con lui. Luigi era fatto così: aveva un cuore generoso e una parola buona per tutti.

Mai avrebbe immaginato che quel ragazzo a cui ogni sera a letto, prima di addormentarsi, raccontava le sue giornate era in realtà un killer inviato dalla Calabria con il compito di ucciderlo. Dopo tre mesi, la sentenza fu eseguita, nel modo più vigliacco. Usciti insieme da un bar, fecero pochi passi. Poi Vincenzo tirò fuori una pistola e gli sparò a bruciapelo sette colpi: cinque lo presero alle spalle, il sesto gli trapassò il colletto del giubbotto e il settimo lo colpì all'orecchio. Luigi era talmente stupito da quanto stava avvenendo che lo sentirono solo urlare: «Mi hanno sparato! Mi hanno sparato!». Mentre era a terra agonizzante, non riusciva a credere che un ragazzo come lui, che considerava un amico fraterno, gli avesse fatto questo.

Lo portarono in ospedale, ma fu tutto inutile.

In quel momento, mi trovavo nella casa dello studente. La sera ricevetti una telefonata di mia madre dalla Calabria. Era allarmatissima perché la casa era invasa da carabinieri che chiedevano informazioni su Luigi. «Sai dove si trova? Provo a chiamarlo di continuo ma non risponde». Io caddi dalle nuvole. L'avevo visto quella mattina come al solito, sorridente e felice. E invece proprio in quei momenti il suo cuore cessava di battere per sempre in un lettino d'ospedale. L'incubo era tornato, più nero che mai. Ma stavolta avevamo deciso che non ci saremmo comportati come con Francesco: le bestie che ci avevano tolto anche Luigi dovevano pagare per il male che avevano fatto. E purtroppo sapevamo che si trovavano anche nella nostra famiglia.

Erano venuti anche loro ai funerali di Francesco: i nostri cugini Rocco e Massimo ci avevano abbracciati e sembravano davvero addolorati per la fine atroce che aveva fatto un ragazzo con cui erano cresciuti. E, forse, almeno allora non stavano fingendo.

Ma di sicuro più forte del dolore era la paura di essere proprio loro i prossimi della nostra famiglia a finire morti ammazzati. Per questo, prima che fosse troppo tardi, per salvarsi scelsero di passare dalla parte dei due boss che potevano ordinare anche la loro esecuzione. Papà lo sapeva bene, così come sapeva che Vincenzo era un loro grande amico.

5

«Chi ha ucciso i vostri figli?»

In quel periodo, siamo agli inizi degli anni '90, ancora non erano nate le associazioni antimafia. Tutto cambiò dopo le stragi di Capaci e di via D'Amelio. La gente in Sicilia finalmente alzò la testa e iniziò a scendere nelle strade per dire basta all'omertà, ai soprusi, alla violenza, agli omicidi.

Sull'onda emotiva di quelle stragi, anche lo Stato si mosse. Un decreto legge finalmente garantiva protezione a chi si fosse esposto a denunciare i delitti della criminalità organizzata. In Calabria questo vento di cambiamento nella società civile non arrivò e la 'ndrangheta continuò a contare su una rete di silenzi e di complicità che nulla sembrava scalfire. Eppure i magistrati, anche da noi, ci provavano: nelle interviste sui giornali e in Tv moltiplicavano gli appelli a chi aveva visto o sapeva qualcosa: parlate, lo Stato è dalla vostra parte e vi proteggerà.

A differenza di quanto era avvenuto dopo la morte di Francesco, stavolta i magistrati vennero a cercarci. Era una mattina piovosa e buia. Noi eravamo riuniti a piangere i nostri morti. La casa era piena di gente: come si usa da noi quando qualcuno esce dall'ospedale o muore in giovane età, portavano in dono caffè e cibi della nostra terra per manifestarci la loro vicinanza. Il telefono squillò più volte. Era il maresciallo dei carabinieri. Rispose mamma, frastornata dalle litanie delle donne vestite di nero che le stavano accanto. Quella telefonata fu come una scossa, un potente richiamo al mondo dei vivi. Francesco e Luigi ormai riposavano in pace. Non potevamo fare più nulla per loro se non cercare di assicurare alla giustizia chi aveva voluto la loro morte e tentare di salvare così altri giovani dalla stessa fine.

Nel pomeriggio ci presentammo in caserma. Era molto vicina a casa nostra e di solito ci andavamo a piedi. Stavolta invece i carabinieri vennero a prenderci con un'auto, mentre un'altra da dietro ci seguiva. Arrivati dentro, trovammo ad aspettarci il procuratore seduto alla scrivania. Un breve saluto e poi arrivarono le domande che ci colpirono dritti al cuore come stilettate: «Chi ha ucciso i vostri figli? Cosa sapete della faida? Abbiamo bisogno di testimoni, altrimenti non andiamo da nessuna parte. Niente paura, quando arriverà il momento, vi porteremo lontano da qui e nessuno potrà farvi del male».

Io guardai mamma e papà: erano emozionati, ma il dolore e la rabbia per quei figli ammazzati così uno dopo l'altro non si potevano più contenere. Cominciarono a parlare, raccontarono gli eventi dei quali erano a conoscenza, a partire dal legame tra i nostri cugini e Vincenzo, con una dovizia di dettagli che impressionò molto il giudice.

Poi toccò a me. Raccontai della mia vita con Luigi a Pisa, dell'arrivo di Vincenzo, del fatto che non aveva nessun nemico e nessunissima intenzione di ritornare in Calabria.

Grazie a questa pista gli investigatori scoprirono una verità terrificante: dietro l'omicidio di Luigi c'erano proprio i nostri cugini. Contrariamente a quello che mi aveva sempre raccontato, fu dimostrato che Vincenzo, quando si allontanava periodicamente da Pisa, non andava a Napoli a incontrare la sua ragazza, ma tornava regolarmente al paese, in Calabria. Lì, pochi giorni prima di uccidere mio fratello, aveva incontrato Rocco e Massimo per pianificare l'omicidio. Il movente era sempre lo stesso: l'impossibilità di concepire che qualcuno possa dimenticare un torto subìto. Non contava nulla che Luigi non avesse mai avuto a che fare con la 'ndrangheta; non contava nulla il fatto che da tre anni vivesse a Pisa e che non avesse mai rimesso piede in paese. Prima o poi, pensavano, sarebbe sicuramente tornato per vendicare il fratello. E allora anche lui doveva fare la sua fine. Solo così il boss e la sua cosca di cui facevano parte i miei cugini che ne avevano decretato la morte potevano stare tranquilli. Tanto, i miei genitori sarebbero stati zitti come l'altra volta.

E invece non andò così.

6

Parigi: la felicità prima del buio

Le indagini durarono più di un anno e si conclusero con gli arresti di Rocco, Massimo e Vincenzo. Nel frattempo, Stefano, il ragazzo che frequentavo in quel periodo, pian piano si allontanò da me. Quando era morto Francesco gli avevo detto che era accaduto in un incidente stradale e lui non aveva avuto modo di dubitare. Ma la foto di Luigi e il racconto di come fu ucciso in un luogo che Stefano conosceva benissimo occupò per settimane le pagine dei giornali e dei telegiornali locali. Allora capì che vivere accanto a me sarebbe stato complicato. Io ci rimasi molto male, ma non posso biasimare la sua paura.

Comunque, mi ripresi in fretta perché finalmente completai i miei studi e, dopo pochissimo tempo, trovai il lavoro dei miei sogni: un'azienda di Parigi mi voleva come interprete.

Fu un periodo bellissimo, non solo perché potevo mettere a frutto le mie competenze, ma soprattutto perché potevo passare le mie giornate fra gente nuova ignara del mio passato. In poco tempo trovai tanti nuovi amici.

La mia felicità si interrompeva solo quando i magistrati che indagavano sulla morte dei miei fratelli, a Pisa e in Calabria, mi convocavano per testimoniare. Ogni volta ricordare rinnovava il mio dolore, ma dovevo tener duro: quegli assassini sarebbero stati presto condannati e io avrei finalmente iniziato la mia nuova vita. In tutto questo periodo, noi fummo molto attenti a evitare in tutti i modi che qualcuno capisse che stavamo di nuovo collaborando con la giustizia.

Ma il paese è piccolo e una volta accadde un episodio che ci gelò il sangue. Ero tornata da Parigi per testimoniare e con papà e mamma andammo a fare la spesa nel solito negozio di alimentari. Il proprietario, che ci conosceva da una vita, appena ci vide impallidì. Quasi implorando, ci disse: «Vi prego, andate via. Se vi vedono qui, nessuno vorrà più comprare niente da me».

Da quel giorno, i carabinieri cominciarono a portarci la spesa a casa. Le poche volte in cui uscivamo, se ci capitava di incontrare un amico o un parente lo vedevamo abbassare gli occhi e proseguire per la sua strada. Ormai tutti sapevano cosa stavamo facendo.

Arrivò così il 2 novembre, il giorno in cui si ricordano i morti. Piccole folle vestite a lutto si dirigevano al cimitero, dove erano sepolti tanti giovani morti ammazzati negli ultimi anni, compreso mio fratello Francesco (Luigi avevamo deciso di seppellirlo a Pisa, la città dove aveva vissuto felice gli ultimi anni della sua giovane vita). I venditori di fiori allestivano nei vicoli banchetti colorati di garofani e margherite, il cui profumo arrivava fin dentro le case.

Anche noi volevamo deporre un fiore sulla tomba di Francesco. Alla fine del paese c'era una stradina, racchiusa tra due file di cipressi. Ogni volta che la percorrevo, arrivata a una curva recitavo la poesia di Carducci che avevo imparato a scuola: "I cipressi che a Bolgheri alti e schietti van da San Guido in duplice filar...". Ma quel giorno i miei pensieri furono interrotti dall'apparizione di un maresciallo che ci incrociò prima di varcare il cimitero: «Forse è meglio se non ci andate», ci disse brusco. Quella sera stessa, un'auto ci portò in una località segreta sulle montagne dell'Abruzzo. Anche io, nonostante da tempo mi fossi trasferita a Parigi, ero considerata in grave pericolo. Avevamo lasciato il mare illuminato da un sole ancora caldo, per ritrovarci nel buio più nero.

Eravamo diventati testimoni di giustizia.

La mia vita si ferma a quel 2 novembre 1992. Era finito tutto, le passeggiate per i vicoli del mio paese, le vacanze al mare, i raduni nel pomeriggio attorno alla piccola villa nel centro storico. E poi le partite a pallavolo nel campetto della scuola all'aperto, le corse al bar a mangiare un gelato. Si chiama "vivere", ma quando vivi non te ne accorgi. All'improvviso, dal vivere mi "vidi vivere": iniziava la vita blindata, la scorta, i carabinieri dietro la porta che ci sorvegliavano, il terrore di veder spuntare da un momento all'altro qualcuno con una pistola pronto a uccidermi come avevano fatto con i miei fratelli. Scomparivano gli amici, le risate, i caffè al bar. Restavo io, sola con la mia paura.

7

Reclusi come criminali. No, come "pentiti"

Arrivammo nella casa che ci avevano assegnato senza bagagli. Non c'era stato tempo per prepararli. In paese non dovevano pensare a una nostra partenza. Era stato organizzato tutto di nascosto. Abituata al tepore calabrese, ero partita indossando una giacca leggera, che non mi riparò dal freddo gelido che avvolgeva la località protetta. Nella nostra grande casa avevo lasciato tutto: vestiti, libri, foto, la mia tesi di laurea e pure il corredo che mia madre aveva preparato con amore per quando mi fossi sposata. Non potevo portarmi tutta quella roba, mi dissero gli agenti della sicurezza. Le loro erano auto di scorta che non potevano trasportare bagagli, ma solo persone in pericolo di vita. Dove eravamo diretti avrei avuto tutto. Avrei trovato una casa arredata e i vestiti li avrei ricomprati. Il tempo per farlo non mi sarebbe mancato.

Quando il viaggio finì, mi ritrovai in un paese sprofondato nella neve, ai piedi di una montagna, che spuntava quasi all'improvviso dalle tremanti luci dell'alba. Mi trovavo in una zona isolata dell'Abruzzo e di colpo mi tornò alla mente un romanzo che avevo letto poco tempo prima e che mi era piaciuto tantissimo: *Il Castello* di Franz Kafka. Il protagonista, indicato solo con la lettera K., viaggia diretto verso un villaggio: «Era sera tarda quando K. arrivò. Il paese giaceva nella neve profonda. La collina non si vedeva, nebbia e tenebra la avvolgevano, e nemmeno il più debole raggio di luce indicava il Castello. K. si fermò a lungo sul ponte di legno, che dalla strada maestra conduceva al villaggio, e guardò su nel vuoto apparente». K. era stato convocato al Castello perché era stato assunto come agrimensore. Ma il Castello che si vedeva da lontano, sospeso nel cielo tra bufere di neve, di colpo spariva dentro nuvole di nebbia; dopo un po' sembrava di nuovo raggiungibile, ma era solo un'illusione: il protagonista lo vedeva tornare a svanire.

Io mi sentivo come lui: non avevo più un'identità, ero diventata una K., mi trovavo in un luogo freddo che non conoscevo e il mio Castello, il posto di lavoro dove avrei potuto di nuovo mostrare tutte le mie capacità come avevo fatto in Francia, mi appariva come un sogno destinato a dissolversi.

Ben presto mi accorsi che le mie non erano stupide paure, ma la cruda realtà.

Sapevamo bene che la nostra scelta avrebbe avuto delle ripercussioni pesanti su di noi. Ma eravamo orgogliosi di averla fatta e speravamo con il tempo di tornare a una vita normale. Del resto, era questo che ci era stato promesso dagli uomini dello Stato a cui eravamo stati affidati. Invece fin da subito capimmo che le cose erano molto più complicate.

E qui occorre fare una premessa. La figura del testimone di giustizia è stata introdotta nel nostro ordinamento solo nel 2001. Fino ad allora non c'era alcuna differenza tra noi e i collaboratori di giustizia, gente che si era macchiata di crimini anche gravissimi e che, spesso per ragioni di pura convenienza, per ottenere cioè sconti di pena e altre agevolazioni, aveva deciso di raccontare quanto sapeva: i "pentiti", insomma. Questa assimilazione era evidente nel modulo che ci fecero firmare per poter entrare nel programma di protezione: in esso era contenuto anche il nostro impegno a non commettere più reati, come se in passato li avessimo commessi, come se fossimo, appunto, criminali che si erano "pentiti" delle loro azioni.

Poi ci ritirarono i documenti. Ce l'avevano detto fin dall'inizio, quindi ce l'aspettavamo: era per la nostra sicurezza. Quello che non ci avevano detto è che li avrebbero sostituiti con altri, con generalità false, che di fatto non servivano a nulla. Non riuscivo a crederci e così un giorno andai all'anagrafe per richiedere un certificato di residenza: volevo vedere se quel nome fantastico aveva un corrispettivo nella realtà. L'impiegato inserì i dati della mia carta di identità nel computer e mi diede il suo responso: «Ma lei nel nostro archivio non esiste...». Poi mi guardò con un misto di paura e disprezzo: probabilmente immaginò che fossi una latitante, o comunque una poco di buono che voleva tentare una truffa. «Vada in questura, qui c'è qualcosa che non va». Io mi congedai all'istante e guadagnai subito l'uscita. Avevano proprio ragione gli uomini del servizio di protezione: dovevamo stare attentissimi, perché bastava un niente per far saltare la nostra copertura e quindi aumentare il pericolo di essere rintracciati. Proprio per questo, sarebbe stato molto meglio non tentare di trovare un lavoro. In più, avevamo l'obbligo di parlare solo con il personale di servizio: nessuna possibilità dunque di farci nuove amicizie. E non potevamo nemmeno muoverci: a mia sorella, l'unica in famiglia ad avere la patente, consigliarono di non rinnovarla quando, di lì a poco, sarebbe scaduta. Meglio non prendere treni, autobus, aerei, soggiornare in un albergo. Ovviamente, non potevamo nemmeno aprire un conto corrente. E per fortuna non avevamo figli. Chi si trovava nelle nostre condizioni e aveva dei bambini doveva affrontare ostacoli incredibili per poter garantire loro il diritto di andare a scuola.

Insomma, dovevamo evitare tutte le situazioni in cui poteva essere necessario fornire le proprie generalità, per ridurre al minimo il rischio che la nostra copertura saltasse. Per questi motivi, con mio grande dolore, fui costretta a rinunciare alle chiamate per fare la supplente che ottenni in varie scuole. Dopo la laurea, infatti, ero entrata nelle graduatorie e pure con un punteggio alto. Ovviamente, prima di accettare avvisai il personale del Servizio di protezione. La loro risposta fu lapidaria: «Non vorrà mica mettere in pericolo la vita dei bambini e delle loro maestre?».

In pratica, eravamo come criminali agli arresti domiciliari, privati dei nostri diritti civili più elementari, dal voto al lavoro, dalla possibilità di versare i contributi previdenziali all'assistenza sanitaria. Per ragioni di sicurezza, infatti, non potevamo nemmeno avere una tessera dell'Asl e quindi un medico di base. In caso di bisogno, ci dissero, potevamo sempre andare in un pronto soccorso e dire che avevamo smarrito i documenti. Per legge, i medici ci avrebbero curato lo stesso. Ma questa soluzione può essere tollerata solo di tanto in tanto, mentre i miei genitori erano persone anziane che avevano bisogno di un'assistenza continua. Ricordo le serate passate con loro nella sala d'attesa di un ospedale, sempre diverso: lunghe ore per ottenere una semplice visita o la prescrizione di un medicinale. Mi faceva male leggere l'umiliazione nei loro occhi per essere costretti a mentire, mentire per ottenere quanto a loro spettava di diritto.

Una volta papà stava talmente male che al pronto soccorso decisero di operarlo d'urgenza. Noi allora chiamammo subito il Servizio di protezione e loro si infuriarono perché non li avevamo avvisati prima. Quella sera stessa, alcuni poliziotti si precipitarono da noi, incontrarono il dottore che aveva operato papà e alla fine tutto l'ospedale sapeva chi eravamo. Solo dopo molto tempo trovammo un medico di buon cuore al quale raccontammo tutto di noi. Lui non si spaventò e accettò di prenderci come suoi pazienti.

Dal Ministero dell'Interno ci garantirono che questa situazione non sarebbe durata a lungo: presto sarebbe arrivata per tutti un'identità vera e la concreta possibilità di inserirsi in una nuova città dove ci avrebbero trasferiti. Ma intanto i giorni passavano e io sempre più spesso mi svegliavo nel silenzio della notte in preda alla paura. Di fronte al mio letto, c'era una finestra che si affacciava su un grande parco. Da lì vedevo i fiocchi di neve che cadevano lentamente senza sciogliersi. Un lampione illuminava una stradina alberata che poi proseguiva nell'oscurità fitta del bosco. Aprivo la finestra e non sentivo freddo: entrava un raggio di luce che si coricava ai piedi del letto. Alzavo gli occhi e vedevo il manto argenteo del cielo stellato, mentre dalle montagne del Gran Sasso qualche lupo ululava. Mi perdevo a osservare le stelle: la loro luce era una luce di speranza. La luce di Dio che mi diceva che alla fine il bene vince sul male e che la giustizia trionfa sull'ingiustizia. Stringevo forte il rosario e pregavo. Quella luce la porto ancora dentro di me: continua nonostante tutto ancora oggi ad accompagnare la mia miserabile vita.

8

L'orgoglio in tribunale, la paura e la rabbia fuori

Finalmente ci trasferimmo nella città dove ancora adesso vivo. Nello stesso periodo iniziarono anche i processi. E finalmente potevo tornare a essere una ragazza fiera di aiutare lo Stato a fare giustizia sulla morte dei miei fratelli e a dare il mio contributo a ripulire il marciume che ammorbava la mia terra. Avevo il terrore di non farcela, il terrore del buio. La notte dormivo con le persiane delle finestre spalancate, anche d'inverno, e la stanza sempre illuminata, perché soprattutto in quelle lunghe ore sentivo la minaccia incombere su di me. Ma durante il processo la paura svaniva, perché lì sentivo forte la presenza dello Stato al mio fianco.

Ricordo come fosse ieri la prima volta che, entrando nell'aula del tribunale, incrociai lo sguardo di Vincenzo dietro le sbarre. Lui mi sorrise: «Ciao, che fai non mi riconosci?». Chissà, forse covava dentro di sé l'assurda illusione che ci avessi ripensato, magari ero lì per scagionarlo, in fondo lui era un mio compaesano e io ero stata una sua amica per tre anni. Io gli risposi fissandolo negli occhi: «Certo che ti riconosco». Poi andai a sedermi davanti al giudice e con calma raccontai ancora una volta ciò che sapevo sui crimini che si commettevano in paese. Alla fine, prima di lasciare l'aula, lo guardai e vidi che stavolta teneva gli occhi bassi. Poi fu il turno di mia madre, che non resse all'emozione. Senza giri di parole, indicò con l'indice Vincenzo e rivolta alla corte tuonò: «È lui, è lui che ha ammazzato Luigi!». Poi si rivolse al suo avvocato: «Ma voi, voi come fate a difendere uno che ha ucciso come un cane un ragazzo di vent'anni?».

Non fummo gli unici testimoni e questa circostanza fu decisiva per l'esito del processo. Parlò il titolare del bar che vide per l'ultima volta Vincenzo e Luigi insieme e parlò il loro vicino di casa. Tutti questi racconti combaciarono perfettamente con i risultati delle indagini delle forze dell'ordine e così Vincenzo fu condannato all'ergastolo. Altre pene pesanti colpirono esponenti della cosca, compresi i nostri cugini.

L'omicidio di Francesco invece restò impunito e la ragione fu una sola: era avvenuto non a Pisa, ma in un paesino della Calabria dove i baristi e i vicini di casa, se vedevano qualcosa, si giravano dall'altra parte.

Ovviamente la risposta della 'ndrangheta non si fece attendere: non potendosela prendere, almeno per il momento, direttamente con noi, sfogarono tutta la loro rabbia su quanto restava di noi in Calabria: la nostra casa. Una notte qualcuno entrò e distrusse tutto, non prima, si capisce, di aver saccheggiato gli oggetti di valore. Il messaggio era rivolto non solo a noi. La legge stabiliva che lo Stato si sarebbe interessato a vendere i beni dei testimoni di giustizia per aiutarli con il ricavato a iniziare una nuova vita. Con quella devastazione, la 'ndrangheta fece sapere che nessuno poteva azzardarsi a comprare la "casa degli infami". E i nostri terreni? Erano stati occupati abusivamente da alcuni parenti che non avevano condiviso la nostra scelta, senza che nessuno avesse nulla da ridire. Noi denunciammo comunque quanto era avvenuto al Servizio di protezione, senza ottenere alcun risultato.

Fu un altro duro colpo al mio morale già a terra. Il fatto di non poter lavorare mi pesava ogni giorno di più: ero giovane, avevo studiato a lungo e non sopportavo di essere mantenuta dal sussidio che, sia pure non regolarmente, ci arrivava. Avevo sperimentato a Parigi quanto fosse bella la libertà di vivere ed essere apprezzati per le proprie capacità e desideravo con tutta me stessa poterla riassaporare.

Poi, all'improvviso, arrivò una telefonata dal Servizio di protezione. Dalla gioia non volevo credere alle parole che sentivo: «Dottoressa, lunedì mattina si presenti alla ditta D. di Porto Marghera. Hanno bisogno di una segretaria di direzione che conosca bene le lingue e lei ci è sembrata perfetta per questo ruolo». Prenotai una stanza d'albergo in attesa di trovare una nuova sistemazione, raccolsi tutte le mie cose e partii con il primo treno. La mattina dell'appuntamento non stavo più nella pelle dalla gioia: che bello poter indossare di nuovo dopo tanto tempo un vestito elegante, truccarsi, poter camminare a testa alta. Ma quando arrivai nella sede della ditta, notai che c'era qualcosa di strano: non entrai subito a parlare con il responsabile, ma mi fecero attendere in una stanza insieme ad altre ragazze. Quando arrivò il mio turno mi fu spiegato che l'assunzione non sarebbe stata automatica e a tempo indeterminato come dal Servizio di protezione mi avevano assicurato: quello era solo un colloquio. E in più occorreva una segretaria che parlasse alla perfezione il tedesco. Io lo conoscevo, ma non al livello del francese e dell'inglese.

Insomma, me ne tornai a casa con la coda tra le gambe, con una delusione pari solo alla rabbia che provavo nei confronti dei funzionari dello Stato che mi avevano illuso. Prima di risalire sul treno, passai dalla Questura e i poliziotti mi dissero quanto fossero stupiti del fatto che fosse stato scelto proprio quel posto per farmi lavorare: a due passi dalla ditta, un mese prima c'era stato un conflitto a fuoco in cui erano morti due loro colleghi. Era dunque una zona molto pericolosa, di sicuro non adatta per una testimone di giustizia. Possibile che al Servizio di protezione non sapessero tutte queste cose? Evidentemente sì, perché quando li contattai e raccontai loro tutto, mi liquidarono così: «Ci dispiace, c'è stato un errore».

Allora mi tornò alla mente ancora una volta il Castello di Kafka. Il Ministero dell'Interno era il mio Castello. Me lo immaginavo bello, elegante. Tutto al suo interno era perfetto e si svolgeva con giustizia. Invece, ben presto scoprii che era un luogo utopico, irraggiungibile. Assomigliava al Castello del romanzo, senza traccia di luce, dove regnano lunghissimi, oscuri e monotoni inverni. Il protagonista, come me, sperimenta una sorpresa terribile. È il paese della tenebra, del freddo mortale, dell'eterno tramonto. Non è un grande edificio ordinato come ci appare da lontano, ma, come scrive Kafka, «una misera cittadina, un'accozzaglia di case di villaggio», che sembrano perennemente sul punto di sgretolarsi. Come i miei sogni.

9

Testimoni usa e getta

Passarono così non i mesi come ci era stato assicurato, ma gli anni: quattro lunghissimi anni, senza che succedesse nulla alle nostre vite. Per quanto fossi molto riservata, avevo di tanto in tanto contatti con altre persone: mi capitava di scambiare due chiacchiere al bar o nella palestra dove mi ero iscritta. Ma chi ero io per la gente? Una donna inventata, o per usare le parole di un altro romanzo che mi accompagna da allora, *Il fu Mattia Pascal* di Pirandello, «una invenzione ambulante». Mi ero inventata la mia nuova identità: ero Marianna, nata a Nizza da genitori italiani. Avevo viaggiato molto a causa del lavoro di mio padre, militare in missione all'estero, ora in pensione. Avevo vissuto a Parigi, Marsiglia, Montpellier, città in cui ero stata realmente. E poi in Gran Bretagna. Per questo parlavo benissimo anche l'inglese. E ora, dopo la laurea in lingue, facevo la supplente in una scuola. Era tutto credibile, tranne per una cosa: il mio accento calabrese che si sentiva tantissimo. Mi ero iscritta pure in una scuola di dizione per eliminarlo. Ma non c'era nulla da fare. Era come se l'accento meridionale rimanesse l'unico appiglio in una vita così stravolta, l'unico segno tangibile che ricordasse a me stessa chi ero davvero. Alla fine mi convinsi che meno parlavo, meglio sarebbe stato.

Questa scelta mi cambiò il carattere. Avevo una doppia personalità. Una vecchia: la ragazza solare, piena di sogni e di ideali, che dovevo ogni giorno seppellire; e una nuova, che era l'ombra della vecchia. Ancora oggi, tutti i giorni, al mattino presto, quando mi sveglio, lotto contro la mia ombra che mi tormenta continuamente e che mi ripete di non abbassare mai la guardia. Perché non è solo dalla 'ndrangheta che mi devo proteggere, ma dalle tante promesse che non sono state mantenute. E che ti uccidono due volte.

Uno spiraglio di luce lo vidi nell'estate del 1996, quando arrivarono le sentenze definitive che confermarono tutte le condanne per i criminali contro cui avevamo testimoniato. Criminali che avevano partecipato a una faida che aveva provocato oltre trenta morti. Dunque i nostri sacrifici non erano stati vani, almeno Luigi aveva ottenuto giustizia. Ma quando avremmo potuto davvero voltare pagina con un'identità e un lavoro veri? Quattro anni di vita blindata, di privazioni, di paure, di lontananza dagli affetti, di illusioni, non erano abbastanza? E invece ci arrivò una lettera che ci fece piombare nel peggiore degli incubi: con la freddezza del linguaggio burocratico, la commissione del Ministero dell'Interno che valuta le situazioni dei testimoni di giustizia ci informava che «il notevole lasso di tempo trascorso dall'inizio della collaborazione e l'avvenuto svolgimento del relativo processo hanno attenuato il pericolo» a cui io e i miei familiari potevamo essere esposti. Di conseguenza, il programma di protezione era revocato. «Quattro anni sono tanti», ci dissero i funzionari quando, più increduli che arrabbiati, chiedemmo spiegazioni, «e ci sono altri nuovi testimoni da proteggere». In pratica, una volta raggiunto il risultato, per lo Stato eravamo diventati solo un costo. Non come i collaboratori di giustizia, i "pentiti" che vedevo immortalati sui giornali in crociera o invitati in trasmissioni Tv, dove erano trattati quasi come eroi. Loro, che si erano macchiati spesso di decine di omicidi, erano molto più preziosi di noi che, in quanto cittadini onesti, potevamo raccontare solo il singolo delitto o, nel nostro caso, i due delitti di cui eravamo a conoscenza. Fatto questo, alla giustizia non servivamo più. I pentiti, invece, proprio in virtù del loro passato, potevano svelare a volte decine, centinaia di omicidi, diluire i loro racconti nell'arco di anni e nel frattempo ottenere vantaggi impensabili per noi.

Sia chiaro: con questo non voglio mettere in dubbio il contributo fondamentale dei collaboratori di giustizia, ma solo sottolineare che noi non avevamo deciso di "parlare" per avere sconti di pena, lauti sussidi e altri "premi", ma solo perché ci sembrava giusto. In cambio, chiedevamo solo di poter continuare a vivere in sicurezza e con dignità, come avevamo sempre fatto. Invece, eravamo testimoni usa e getta, un'espressione che avrei sentito tante volte.

Dopo la delibera che ci informava della revoca del programma di protezione, lo Stato ci comunicò che avremmo continuato a ricevere solo per altri dodici mesi i sussidi. Poi avremmo dovuto lasciare anche la casa che ci aveva ospitato fino a quel momento. In pratica, era un avviso di sfratto. E alla nostra obiezione che non potevano lasciarci in mezzo a una strada, ci risposero così: «Tornate in Calabria: lì una casa ce l'avete». Senza un lavoro, senza una nuova identità, in una casa che era stata devastata e in un paese dove, come aveva giurato da dietro le sbarre uno degli uomini che avevamo fatto condannare, «ci sarà sempre qualcuno che vi verrà a trovare». Sembra assurdo, ma è la pura verità.

La Commissione centrale al Ministero dell'Interno era ed è formata da magistrati e da uomini delle forze dell'ordine. Possibile non capissero che con la fine del processo non erano affatto cessati da un giorno all'altro anche i rischi che correvamo? Le sentenze dimostravano solo l'importanza del contributo che avevamo dato alla giustizia. In ogni caso, scrivere nero su bianco che il pericolo «si era attenuato» significa ammettere che quel pericolo c'era ancora. Anzi, proprio la fine di un processo rappresenta per un testimone il momento di maggiore rischio, perché certifica, agli occhi dei familiari e degli amici dei condannati, che è stato soprattutto a causa sua se i loro cari resteranno dietro le sbarre per lunghi anni o addirittura per sempre. Quindi bisogna fargliela pagare a tutti i costi. E, spesso, ci si riesce.

Com'è accaduto al povero Domenico Noviello. Gestiva un autoscuola a Castel Volturno e come tutti avrebbe dovuto pagare il pizzo al clan dei casalesi. Ma lui ha detto no e nel 2000 ha denunciato i suoi estorsori. Non volendo rinunciare alla sua attività, ha scelto di restare lì e per tre anni ha vissuto sotto protezione. Ma poi sono arrivate le condanne e, come è accaduto a noi, è rimasto senza scorta. Nel 2007 gli viene negato pure il rinnovo per il porto d'armi per difesa personale. Tanto gli estorsori che ha fatto condannare sono in carcere, che pericolo c'è? E invece una mattina del 2008, mentre va a lavorare, la sua auto viene affiancata da un'altra di grande cilindrata: sei killer lo crivellano di colpi. Aveva 64 anni. Ai suoi funerali partecipa pochissima gente, nessuna delle istituzioni. Che però l'anno dopo lo insigniscono della medaglia d'oro al valore civile con queste motivazioni: «Vittima di una estorsione, con encomiabile coraggio, denunciava alcuni esponenti della criminalità organizzata, consentendone l'arresto e la successiva condanna. A distanza di alcuni anni dall'evento, mentre era alla guida della propria autovettura, veniva barbaramente assassinato in un vile agguato camorristico. Chiarissimo esempio di impegno civile e rigore morale fondato sui più alti valori di libertà e di legalità». Che belle parole, da parte di uno Stato che però si è dimenticato di scrivere che Domenico sarebbe ancora vivo se solo non lo avesse abbandonato!

Mi viene in mente una vecchia canzone di Fabrizio De André, *La ballata dell'eroe*, in cui la vedova di un soldato morto in guerra «aspettava il ritorno d'un soldato vivo, d'un eroe morto che ne farà? Se accanto nel letto le è rimasta la gloria d'una medaglia alla memoria».

10

La politica si accorge di noi

La paura che provavo dal giorno in cui decisi di collaborare con la giustizia si trasformò in terrore. Ogni volta che sentivo il suono del citofono, iniziavo a tremare: "Sono loro, ci hanno trovati, ora salgono e ci ammazzano tutti", pensavo. Così iniziai a diradare ancora di più le mie uscite, a limitare il più possibile i contatti con la gente: la trasformazione in una criminale agli arresti domiciliari poteva dirsi completa.

Ma allo Stato non andava bene nemmeno questo.

Scaduti i dodici mesi, i poliziotti bussarono alla nostra porta: solo che stavolta non lo facevano per sincerarsi che tutto andasse bene, ma per buttarci in mezzo a una strada: lo sfratto era diventato esecutivo. Ma quando entrarono in casa, si trovarono di fronte gli occhi impauriti dei miei genitori, due anziani sempre più smarriti. Papà, in particolare, iniziava a manifestare i primi sintomi dell'Alzheimer. Di fronte a quella scena, non se la sentirono di portare a termine il loro compito: «Per adesso vi lasciamo stare. Una soluzione si troverà». La scena si replicò altre volte. I poliziotti arrivavano con l'ingiunzione di sfratto, ci vedevano e poi se ne andavano, mossi da pietà. Ma la gente che abitava nel nostro condominio vedeva tutto. A parte l'umiliazione che provavamo, quel via vai di gente in divisa rendeva ancora più precaria la nostra sicurezza. Dovevamo reagire. Contattammo un avvocato per fare ricorso contro quell'assurda decisione, prima al Tar e poi al Consiglio di Stato. Un anno dopo, la sentenza arrivò: la nostra permanenza nella casa doveva essere prorogata di almeno altri quattro anni. Di conseguenza, fummo riammessi anche nel programma di protezione.

Questa vittoria rinnovò la mia fiducia nelle istituzioni. Anche perché proprio in quei lunghi mesi di battaglia legale la politica finalmente si accorse di noi. La Commissione parlamentare antimafia decise di aprire un'indagine sul trattamento riservato ai testimoni di giustizia e pure io fui convocata. Emozionata, mi presentai davanti ai deputati e ai senatori e, per l'ennesima volta, raccontai loro il calvario che stavamo vivendo. Non mostrarono particolare stupore, perché la mia storia era simile a quella di quasi tutti gli altri cittadini onesti che avevano deciso di testimoniare contro la criminalità organizzata: erano stati usati finché serviva per i processi e poi erano stati abbandonati come noi.

Racconto solo due di questi casi, giusto per far capire.

Il primo è quello di Maria, nome di fantasia, per anni compagna di un ex boss della mafia di Cerignola (Foggia). Il 4 gennaio 2019 la sua storia è stata raccontata nel corso della trasmissione *FuoriGioco*, in diretta su Rai Radio 1 e poi in un servizio andato in onda al Tg3. Negli anni '80, quando aveva solo 18 anni, un boss la scelse come "sua" donna. Era in pratica la sua schiava, sempre rinchiusa in una stanza d'albergo, con le sbarre e un'unica finestra. Lui la andava a trovare solo per soddisfare i suoi appetiti sessuali. Se, malauguratamente, restava incinta, la costringeva ad abortire. Una, due, tre volte. E se provava a ribellarsi, ha raccontato, «mi picchiava a sangue, con mazze da baseball e con il nerbo, quello che si usa con gli animali». Quando si accorge di aspettare di nuovo un bambino, Maria riesce a finalmente a trovare il coraggio di scappare. Va dalle forze dell'ordine, racconta tutto ciò che sa e nel 1994 le sue parole danno un contributo determinante all'Operazione Cartagine, che ha portato a cinquantatré condanne, diciassette delle quali ergastoli, compreso quello per il suo ex compagno. Venticinque anni dopo, mentre l'uomo che le ha rovinato la vita è uscito dal carcere e vive agli arresti domiciliari, Maria porta avanti la sua esistenza sola e abbandonata. Il figlio nato dal suo coraggio, appena ha potuto ha scelto di rinunciare alla protezione e di iniziare una nuova vita in un luogo lontano. Lei ha raccontato di aver trovato un lavoro qualche anno fa, ma di averlo perso per ragioni di salute. Davanti alle telecamere del Tg3 è apparsa come una sagoma scura che con la voce alterata ma ferma dice: «Io e mio figlio siamo vittime di mafia. Sono stata da questa gente tenuta sequestrata, picchiata, abusata. Sono scappata, ho reso testimonianza allo Stato. A me basterebbe un riconoscimento. Lo Stato che mi dice: "Signora, grazie!". Dopo ventitré anni, che mi stringa la mano qualcuno e mi dica grazie per quello che ha fatto per noi».

La seconda storia è quella di Giuseppe Carini. Cresce a Palermo, nel quartiere Brancaccio, lo stesso di don Pino Puglisi che, come fa con tanti altri ragazzi, lo protegge dalla mafia. Quando nel 1993 il sacerdote viene ucciso, Carini racconta ai magistrati particolari sul suo omicidio che risulteranno fondamentali per arrivare all'arresto dei mandanti e dell'esecutore. In quel momento, è a un passo dalla laurea in medicina. Viene trasferito in un'altra località con un nome nuovo, ma il cambio di generalità viene comunicato anche all'università che sta frequentando: così tutti, dal rettore in giù, hanno saputo cosa aveva fatto, alla faccia della sicurezza. Per tutta la durata del processo, otto anni, ha vissuto segregato in un appartamento affittato dal Ministero, con il divieto di qualsiasi contatto sociale, scolastico e lavorativo. Niente più laurea in medicina quindi e, quando il processo termina, Giuseppe si ritrova solo (i familiari non hanno mai condiviso la sua scelta), con gravi problemi psichici causati dall'isolamento, in mezzo a una strada e con il terrore che qualcuno lo rintracci e gliela faccia pagare. Ma don Puglisi gli ha insegnato che non bisogna mai abbandonare la speranza. Trova un rifugio grazie all'aiuto di una parrocchia e un lavoro come facchino. E così, grazie anche al sostegno di Libera di don Ciotti, riesce pian piano a rifarsi una nuova vita.

Intanto il mio paese tornava a far parlare di sé: nel corso principale, durante l'ennesimo regolamento di conti fra clan rivali, furono trucidate quattro persone, tra cui un povero pensionato seduto su una panchina che non c'entrava nulla. Eppure, secondo il Servizio di protezione, noi saremmo potuti tornare senza problemi in Calabria...

Il 30 giugno 1998 la Commissione parlamentare antimafia approvò all'unanimità una relazione sui testimoni di giustizia, nella quale auspicava al più presto una nuova legge per definire finalmente la nostra condizione e, quindi, i nostri diritti. L'autore della relazione finale fu Alfredo Mantovano, un magistrato entrato in politica con Alleanza Nazionale. Mi sembrava una persona seria e preparata, che prese a cuore il nostro e altri casi di testimoni di giustizia traditi dalle istituzioni. Pubblicò pure un libro, *Testimoni a perdere*, costruito sulle deposizioni alla Commissione antimafia, compresa la nostra, ed elaborò una proposta di legge che prevedeva una netta distinzione tra "collaboratori" e "testimoni di giustizia", con la creazione di due distinte commissioni centrali al Ministero dell'Interno per la definizione del programma di protezione, l'acquisto da parte dello Stato dei beni dei testimoni, un sussidio erogato fino all'effettiva durata del rischio e non dei processi, il versamento dei contributi per la pensione, agevolazioni per l'accensione di un mutuo e, in caso di uscita concordata dal programma di protezione, una capitalizzazione per i mancati guadagni dovuti alla condizione di testimone calcolata sul sussidio ricevuto moltiplicato per dieci anni.

Questa proposta diventò nel 2001 una legge dello Stato, la numero 45. Nel dicembre dello stesso anno, d'accordo proprio con Mantovano che nel frattempo, con l'insediamento del nuovo Governo Berlusconi, era diventato sottosegretario all'Interno con delega alla presidenza della Commissione sui programmi di protezione per collaboratori e testimoni di giustizia, firmammo l'uscita dal programma di protezione. Lo Stato ci offrì una capitalizzazione di circa trecentomila euro, l'acquisto della nostra casa e dei nostri terreni in Calabria valutati centoventimila euro e la promessa di un posto di lavoro stabile per me e per mia sorella Chiara. In famiglia, compreso il nostro terzo fratello Gaetano, eravamo in cinque, quindi il conto è presto fatto: sessantamila euro a testa per compensare quasi dieci anni di privazioni e sofferenze. In più, la vendita dei beni in Calabria non si concretizzò, perché in seguito lo Stato ci offrì sessantaseimila euro, poco più della metà della valutazione iniziale. Ma restava la promessa di un lavoro vero: finalmente potevo riappropriarmi della mia vita.

Ancora una volta, non andò così.

11

«Dottoressa, può farmi una fotocopia?»

Finalmente il gran giorno arrivò. Dal Ministero dell'Interno mi convocarono per spiegarmi il mio nuovo lavoro. Che gioia dopo tanto tempo aver l'occasione di uscire di casa per presentarsi di fronte a persone che avrebbero parlato non del mio passato, ma del mio futuro. Mi offrirono un posto presso il Programma operativo nazionale (Pon), dove si realizzavano progetti sulla legalità. In particolare, data la mia competenza con le lingue straniere, ero stata assunta come interprete-traduttrice. Mi dissero che avrei dovuto tradurre testi provenienti dalla Commissione europea che riguardavano i fondi da investire nelle regioni del Sud per contrastare le mafie. Non mi pareva vero, ero elettrizzata: io, che avevo fatto sacrifici immensi in nome degli ideali di giustizia con cui ero cresciuta, ora potevo lavorare proprio per contribuire ad affermare la legalità nella mia terra.

Firmai il contratto nella Sala Azzurra del Ministero dell'Interno, anche se di azzurro quel posto aveva ben poco. Mi chiesi perché e istintivamente mi avvicinai alla finestra per osservare il cielo: nessuna traccia d'azzurro nemmeno lì, in quel freddo pomeriggio d'inverno. Ma che importava: dentro di me sentivo che era tornato a splendere il sole. Eravamo seduti attorno a un tavolo di noce, pesante, ricoperto da una lastra di vetro in cui si specchiava l'ombra di ciascuno di noi. Dopo la firma, tutti si congratularono con me. Mi dissero che da quel giorno la mia vita sarebbe cambiata di nuovo, ma stavolta in meglio. Non dovevo più vivere nell'ombra, chiusa in casa. Anzi, con il tempo ci sarebbe stata anche la possibilità di viaggiare, di fare delle trasferte a Bruxelles. Mi fu chiesto di rispettare con puntualità gli orari di lavoro. Una raccomandazione che mi sembrò ironica. Figuriamoci se proprio io, che per anni avevo sognato di riempire le mie giornate vuote, mi sarei presentata in ritardo. Comunque tutto terminò con sorrisi e con calorose strette di mano. «Vedrà, farà una bella carriera», mi dissero congedandomi.

In quegli stessi giorni, anche Chiara fu assunta in una società che forniva consulenze per il Ministero dell'Interno. Ero felicissima per lei, perché aveva sofferto anche più di me. Quando decidemmo di collaborare con la giustizia, io almeno mi ero già laureata, avevo viaggiato, avevo provato cosa significa lavorare e sentirsi indipendente. Avevo anche vissuto una bella storia d'amore lontano da casa. Lei invece aveva appena concluso la maturità: la sua vita fu troncata proprio quando avrebbe dovuto sbocciare. In quei giorni ci abbracciammo a lungo, fantasticando sul nostro futuro, finalmente felice.

Arrivò il primo giorno di lavoro. Mi presentai quel mattino all'orario stabilito. Ma subito ci fu un problema: nessuno mi aspettava in quell'ufficio. Non c'erano una sedia e una scrivania pronte per me. I funzionari mi dissero che, a quanto risultava loro, il mio contratto prevedeva solo un lavoro di consulenza da svolgere a casa. Con terrore, mi venne in mente ancora *Il Castello* di Kafka, quando il protagonista, convocato per un posto da agrimensore, si ritrova senza nessuna spiegazione a fare il bidello. Così, più incredula che arrabbiata, non mi restò altro da fare che tornarmene a casa. Telefonai immediatamente alla Commissione centrale raccontando quanto mi era accaduto. Un funzionario mi rassicurò: avrebbe parlato con i colleghi e tutto si sarebbe sistemato.

L'importante, aggiunse, era che continuassi ad andare regolarmente in ufficio. Così feci: tutte le mattine mi presentavo al lavoro, ma per me non c'era nemmeno una sedia e così per far passare il tempo camminavo attraverso i lunghi corridoi, incrociando quelli che avrebbero dovuto essere i miei colleghi.

Ogni tanto, qualcuno mi chiedeva se potevo fare qualche fotocopia e io ero contenta di farlo, almeno mi rendevo utile. Ma la maggior parte del tempo, anche solo per potermi sedere da qualche parte, la passavo al bar, dove mi mischiavo ai turisti. Li osservavo con le bandierine dei loro Paesi in mano, mentre io del mio dovevo nascondere tutto. Questo via vai di gente mi faceva compagnia. Erano un miscuglio di lingue, di culture, di nazionalità, e non mi domandavano da dove provenissi e cosa facessi seduta tutto il giorno lì. Al massimo, tiravano fuori una mappa della città e mi chiedevano qualche dritta sui luoghi da visitare. Quando nel tardo pomeriggio nel bar non restava più nessuno, rimanevo sola, svuotata dentro, tra le sedie vuote.

A casa continuavo a telefonare in Commissione: o non mi rispondeva nessuno, o parlavo con impiegati che non conoscevano il mio caso e mi dicevano che avrebbero riferito tutto al caposezione. Ma c'era anche chi si congratulava con me perché aveva saputo che ero sempre puntuale e disponibile. Per un lavoro che in realtà non esisteva. Insomma, in quanto ad assurdità, la mia realtà era arrivata persino a superare la fantasia di Kafka. Naturalmente quasi ogni giorno cercavo di parlare con il direttore del mio ufficio. Mi rispondeva sempre in modo elusivo, finché una mattina, forse esasperato dalle mie continue richieste di spiegazioni, mi confessò chiaramente che lì non avevano bisogno di un interprete e, anche nel caso ce ne fosse stata la necessità, ne avrebbero assunto uno con un bagaglio di esperienza notevole, non certo me. «E il mio contratto dove c'è scritto che sarei stata assunta come interprete?» ribattevo io. «Questa è solo una sua interpretazione». «Come dice, una mia interpretazione? E l'incontro nella Sala Azzurra, era presente anche lei, non si ricorda? E la parola del viceministro, direttore, vuole mettere in dubbio tutto?». «No, no, per carità. Noi, il mio ufficio, vogliamo aiutarla, ma non in questo modo. Lei ha vissuto tanti anni protetta, lontano dalla realtà lavorativa. Anche se possiede una laurea, non è sufficiente per svolgere delle mansioni in quest'ufficio. Ma si fidi dello Stato. Faremo tutto il possibile. Buona giornata, dottoressa».

Risposi al saluto, a testa bassa, e me ne tornai al mio posto, davanti a un computer. Almeno quello, alla fine, me lo avevano dato. Anche se non mi serviva a nulla. In compenso, il primo stipendio, mille euro, mi arrivò solo dopo otto mesi. E le relazioni con i colleghi, dopo un'iniziale cordialità, iniziarono a deteriorarsi giorno dopo giorno. Capivo che facevano sempre più fatica a tollerare una persona che, ai loro occhi, veniva pagata per non fare niente. Resistetti così per due anni. Alla fine, decisi di rinunciare a quel lavoro finto, che mi umiliava e peggiorava ancora di più il mio isolamento sociale. La stessa cosa fece mia sorella: anche il suo contratto di consulenza fu per lei solo fonte di cocenti delusioni.

Dalla Commissione mi assicurarono che mi avrebbero aiutato a trovare un'altra opportunità lavorativa, ma i mesi passavano senza che succedesse nulla. Anche dalla politica e in particolare dall'onorevole Mantovano arrivarono parole di sostegno, ma nulla più. Anzi, di fronte alla mie insistenze, i rapporti iniziarono a diventare ostili. Mi rimproverarono perché avevo rinunciato a quel lavoro al Ministero: anche se c'era qualche incomprensione, mi dissero, avrei dovuto continuare. Andandomene, avevo dimostrato di essere una persona inaffidabile e ora sarebbe stato più difficile avere un'altra possibilità. Con amarezza non potevo fare a meno di pensare che non ero più una testimone da aiutare per conquistare titoli sui giornali e fare carriera politica, ma solo una seccatura, una palla al piede di cui sbarazzarsi. E così mi capitava di leggere interviste all'onorevole Mantovano sulle difficoltà di reinserimento dei testimoni di giustizia intitolate così: «Noi rispettiamo i patti, ma non è una lotteria di Capodanno».

La mia vita, la mia dignità di essere umano venivano calpestate una volta di più da parte di uomini dello Stato in cui avevo riposto tutta la mia fiducia.

12

«Dottoressa, cosa ha fatto dopo il 1992?»

E allora, se non potevo più contare su chi aveva promesso di aiutarmi, tanto valeva tornare a giocare a carte scoperte e riprendermi la libertà di costruire io stessa la mia vita, anche se questo poteva comportare un prezzo altissimo.

Dopo la fuoriuscita dal programma di protezione, mi proposero finalmente di cambiare le mie generalità. C'era però un problema: se avessi accettato, tutti i miei titoli di studio in automatico non sarebbero stati validi perché riferiti a una persona che, per la legge, non esisteva più. Ma io non avevo mai smesso di aggiornare le mie competenze, di frequentare corsi serali, perché nella mia mente, in quegli anni di abbandono, c'era solo un pensiero: fare l'insegnante non appena ne avessi avuto la possibilità. Ripresi a studiare duramente con un unico obiettivo: ottenere una cattedra. E per farlo non mi restava altra scelta che tornare allo scoperto con il mio vero nome e cognome, anche se questo ovviamente aumentava in modo esponenziale il rischio di essere rintracciata da chi aveva giurato di farmela pagare. Ma non potevo più vivere come un fantasma.

Però erano passati tanti anni dalla mia laurea, le normative per poter insegnare erano cambiate, erano state istituite le scuole di specializzazione. E anche io ero cambiata: il lungo periodo di isolamento, le delusioni accumulate, la paura di essere uccisa da un momento all'altro avevano inciso sulla mia capacità di interagire con gli altri. Mi presentavo ai concorsi e subito venivo assalita dal terrore: di non riuscire a superare la prova, di non riuscire poi a insegnare quello che sapevo ai ragazzi, di metterli in pericolo con la mia presenza. A volte, me ne tornavo indietro senza nemmeno provare. Con tristezza oggi mi capita di pensare che io ero stata la prima del mio gruppo di amiche a laurearmi. Tante di loro hanno scelto la strada dell'insegnamento, si sono sposate, hanno avuto dei bambini, hanno fatto una bella carriera e ora per alcune non manca molto alla pensione. Io, invece, sono ancora qui.

Ma non dovevo mollare: conoscevo bene le lingue, un lavoro in cui era richiesta questa competenza prima o poi lo avrei trovato. E, in effetti, di colloqui ne ho fatti tanti. All'inizio, tutti si mostravano molto disponibili e compiaciuti quando verificavano la mia preparazione. Ma poi, inesorabile, arrivava il momento che temevo: la persona che doveva esaminarmi scorreva il mio curriculum e poi mi domandava: «Dottoressa, le sue esperienze lavorative si interrompono nel 1992: cosa ha fatto da allora?». Non potevo certo rivelare che ero stata una testimone di giustizia: immaginavo già l'espressione di paura che si sarebbe dipinta sui loro volti. Allora balbettavo qualcosa e mi inventavo lavori all'estero che non potevo documentare. Ma io non sono mai stata brava a mentire e poi quella domanda inevitabilmente mi riportava alla mente la morte dei miei fratelli e il calvario che avevamo passato. Ogni residuo di sicurezza in me stessa svaniva e vedevo il volto della persona che mi stava di fronte incupirsi. A quel punto, non mi restava altro da fare che ringraziare, salutare e andarmene, comprendendo bene che il classico "le faremo sapere" sarebbe rimasto una formula di rito. L'unica alternativa era cercare un lavoro in nero. Anche in questo caso chi scorreva il mio curriculum faceva la domanda fatidica, ma era più facile che quel vuoto non diventasse un ostacolo insormontabile. E così ho imparato ad accettare tutto: lavori che duravano pochi mesi, da segretaria a addetta alle pulizie in un albergo.

Mi sentivo svilita rispetto ai miei sogni e alle promesse che avevo ricevuto, ma non avevo alternative: dovevo pensare ai miei genitori che diventavano ogni giorno sempre più fragili e a Chiara, la mia amatissima sorella che, come me, nonostante una laurea nel cassetto, era costretta a piegarsi a fare i lavori più umili. Mamma ogni tanto se ne usciva con frasi così: «Ci siamo fidati dello Stato e cosa abbiamo ottenuto? Solo bugie. Almeno loro le promesse le mantenevano sempre. Ti ricordi al paese, quando a qualcuno rubavano la macchina? Bastava andare da F. (il boss), portargli qualche regalo, e il giorno dopo la ritrovavi sotto casa». Ma era papà a soffrire di più. Non si perdonava la scelta che aveva fatto: «Prima che uccidessero Francesco, avevo una bella pensione, una casa grande e dei terreni. Stavamo bene. Poi ho deciso di parlare e così ho rovinato per sempre le vostre vite». A nulla serviva che io e Chiara gli ricordassimo che noi avevamo condiviso pienamente la sua scelta e che, nonostante tutto, l'avremmo rifatta perché grazie ad essa ora gli assassini di Luigi erano in galera. Il senso di colpa lo divorava giorno dopo giorno e si ammalò sempre più gravemente.

Il colpo di grazia glielo diede lo Stato che si rifece vivo non per aiutarci, ma per mostrare il suo volto più spietato.

13

Da eroi a parassiti da cacciare via

Con i soldi ottenuti dalla fine dal programma di protezione, comprammo un piccolo appartamento per me, mentre Chiara e i miei genitori restarono in quello che ci era stato assegnato quando eravamo testimoni di giustizia, pagando un affitto. Volevano regolarizzare la loro posizione con un certificato di residenza, ma quando si presentarono all'anagrafe assistettero alla replica di una scena vissuta anni prima: l'impiegato che controlla al computer e con una faccia stupita dice che nessuno risulta registrato. Allora chiamammo il Ministero e un funzionario ci spiegò che non potevano certo rendere noto l'indirizzo di una casa assegnata ai testimoni di giustizia. Quindi, niente documenti. A meno che, si capisce, i miei familiari non avessero accettato di liberare l'appartamento e di trasferirsi da me.

Ma la casa che avevo acquistato era troppo piccola per accoglierci tutti e loro lo sapevano benissimo. Così come sapevano perfettamente che i miei familiari non potevano essere ospitati, anche temporaneamente, da qualche parente o amico, dato che avevamo tagliato i ponti con tutti. O meglio, gli altri avevano tagliato i ponti con i noi. In più, io stavo cercando di costruirmi una mia vita, di rendermi indipendente. Era un vero e proprio ricatto, insomma: i documenti in cambio della casa. Un ricatto frutto delle incomprensioni che portarono me e Chiara a rinunciare al lavoro al Ministero dell'Interno: ai loro occhi ormai eravamo solo gente inaffidabile, che non si accontenta mai. E non importava il fatto che senza documenti si condannavano due poveri vecchi a non avere un'assistenza sanitaria, ma a contare solo sul buon cuore di un medico a cui avevamo raccontato tutto, e me e mia sorella a non poter trovare un lavoro regolare. Come aveva detto Mantovano, lo Stato non è una lotteria di Capodanno: un lavoro, anche se finto, ce lo avevano dato, così come dei soldi, anche se meno di quelli concordati. Adesso arrangiatevi, e ridateci indietro la nostra casa.

Così, pochi mesi dopo la nostra decisione di lasciare il lavoro, ancora una volta i poliziotti mandati dal Ministero suonarono alla porta della casa dove Chiara viveva con i miei genitori per eseguire l'ordine di sfratto. E ancora una volta non se la sentirono di buttare in mezzo a una strada due anziani, uno dei quali, mio padre, in pessime condizioni di salute. Ma dissero che sarebbero tornati. E così fu, sempre con lo stesso rituale. Solo che stavolta, pochi mesi dopo, papà non ce la fece più e ci lasciò.

Aveva 82 anni. Lo seppellimmo nella città dove vivevamo, lontano dai figli che la 'ndrangheta gli aveva ammazzato. Quel giorno al cimitero, oltre a noi, c'erano solo tre carabinieri, tre servitori di quello Stato che ci aveva fatto tanto male, ma che avevano scelto per quel che potevano di stare al nostro fianco. Papà era un uomo di una rettitudine ostinata, generoso, amico di tutti. Ma fu costretto a passare i suoi ultimi anni di vita in solitudine: non rivide mai più la sua Calabria, la sua casa, la terra che per tanti anni aveva lavorato, il mare che lo avvolgeva non appena alzava lo sguardo.

L'unica, amarissima consolazione era che, ancora una volta, non ero sola: quello che avevo vissuto io dopo l'uscita dal programma di protezione sembrava un copione scritto per decine di altri ex testimoni di giustizia, traditi da promesse mai mantenute. Con alcuni di loro ho, nel corso degli anni, intrecciato rapporti di profonda stima e amicizia. Due, in particolare, calabresi come me, sono stati come un faro nella mia vita: i fratelli Verbaro.

14

Davanti al Viminale, con una tanica di benzina

Nel 2006 Giuseppe Verbaro, un panettiere di Reggio Calabria che aveva denunciato la cosca dei Labate che lo taglieggiava, dando il via a un'inchiesta conclusasi con sette ergastoli, inviò una lettera ai giornali destinata «a tutti coloro che amano la Calabria». C'era scritto: «Nel marzo del '97 sono andato in un'aula di giustizia portando prove inconfutabili (che hanno retto tre gradi di giudizio) contro la cosca Labate. L'ho fatto credendo di fare il mio dovere di cittadino, di cristiano, di soggetto pensante e di aver contribuito a porre le condizioni per un'inversione di percorso, avendo intaccato ciò che "a torto" ritenevo la causa principale del degrado in cui versa il nostro Paese in generale e la Calabria in particolare. Invece mi sono trovato a constatare l'attualità della descrizione chiaramente illustrata nel diciannovesimo secolo da Carlo Collodi, quando racconta del processo avvenuto nella corte di Acchiappacitrulli. Posso affermare che le strutture istituzionali sono rimaste immutate rispetto ad allora, forse anche peggiorate». La lettera era firmata, ironicamente, «il Magnifico Re Citrullo».

Cosa era successo? Dopo le denunce, Giuseppe e suo fratello Domenico avevano scelto coraggiosamente di restare in Calabria e di continuare lì la loro attività, anche per lanciare un segnale forte alle cosche: la gente onesta non può essere costretta a lasciare la propria terra dopo aver denunciato gli affari illeciti. Ma dopo i processi, anche loro, come me, pian piano si sentirono abbandonati. Senza supporti, furono costretti a chiudere il loro panificio, dove nessuno aveva più il coraggio di entrare, e iniziarono un via vai continuo al Viminale per chiedere che i patti che avevano stipulato con le istituzioni fossero rispettati. E lì, una mattina, in un corridoio, incontrarono me. Bastarono poche parole, come si fa tra noi calabresi, per capire di essere accomunati dallo stesso dramma. Così decidemmo di unire le forze e di coinvolgere altri testimoni di giustizia.

Cominciammo a lanciare appelli tramite i mass media e organizzammo una conferenza stampa alla Camera dei deputati con la presenza dell'onorevole Elio Veltri dell'Italia dei Valori. Poi, un sit-in di protesta in piazza Montecitorio. Ma dopo tanti giorni e tante notti passati davanti al Parlamento, ottenemmo solo le ennesime vaghe promesse.

Finché, giunti al culmine dell'esasperazione, Giuseppe e Domenico decisero di mettere in atto un gesto estremo: si presentarono in piazza del Viminale con una tanica di benzina e minacciarono di darsi fuoco se non fossero stati ascoltati. Convinsero anche me, che pure sono sempre stata una persona mite, a unirmi a loro. Una rigida mattina d'inverno, ma con un sole che illuminava i nostri visi incupiti, ci versammo addosso parte della benzina e tirammo fuori un accendino. La nostra esistenza oramai non valeva niente. Senza parenti né amici, senza un nuovo nome né un lavoro, eravamo stremati. In quei momenti di tensione, dove sarebbe bastata una scintilla per trasformarci in torce umane, vidi un gran movimento da parte delle forze dell'ordine. Chiusero il cancello sopra la gradinata, dove noi tre stazionavamo. Da lì potevamo osservare la piazza che nel frattempo si era riempita di un migliaio di persone, attirate dal suono delle sirene e atterrite dal nostro gesto.

Anche io provavo tanta paura. Arrivarono i blindati della polizia, i carabinieri in tenuta antisommossa, i vigili del fuoco, un'ambulanza. Via Nazionale, la strada che porta in piazza del Viminale, venne chiusa al traffico. Iniziarono le trattative. Dopo ore che ci sembrarono interminabili, ci venne garantito un incontro con il ministro dell'Interno e con il capo della polizia. Accettammo. Consegnammo l'accendino e la tanica con la benzina. E stavolta la promessa fu rispettata: dopo il colloquio ottenemmo l'elargizione di un reddito minimo mensile per fare fronte alle necessità quotidiane. Era già qualcosa, in attesa di tornare ad avere un lavoro vero. In seguito, dopo altre vicissitudini con il Viminale, il vescovo di Prato Gastone Simoni, che da poco aveva promosso l'associazione Ezechiele 37 fondata da don Marco Natali a difesa e a sostegno dei testimoni di giustizia, prese a cuore i fratelli Verbaro. Giuseppe e Domenico si trasferirono così nella città toscana dove ottennero ospitalità e un lavoro in Curia. In quanto a noi, il vescovo Simoni raccontò la nostra storia in Vaticano e così ebbi modo di conoscere don Paolo Tarchi, direttore dell'Ufficio nazionale della Conferenza episcopale italiana per i problemi sociali e il lavoro. Si prodigò personalmente per aiutarci a trovare un'occupazione. Ma, soprattutto, grazie a lui trovammo dopo tanti anni, finalmente, tre veri amici: padre Paolo Dall'Oglio e le sue sorelle Cecilia e Francesca.

15

La nostra nuova famiglia

Finalmente, grazie alla famiglia Dall'Oglio, io e Chiara avevamo trovato un bel lavoro, anche se temporaneo. Collaboravamo con un'associazione di volontariato che aveva dei progetti anche in Africa: io, in particolare, mi occupavo di tradurre i documenti che arrivavano o che spedivamo. Ma soprattutto, Cecilia e Francesca presero a cuore la nostra situazione. Da quando diventammo amiche, furono sempre al nostro fianco quando decidevamo di partecipare a qualche iniziativa in cui si parlava dei testimoni di giustizia. E quando non potevamo farlo noi, erano loro la nostra voce.

Mi ricordo nel 2006, a Roma, alla prima manifestazione "Contromafie" di Libera, l'associazione di don Luigi Ciotti. C'erano tanti gruppi di lavoro, ognuno dedicato a un tema specifico. Uno di questi era sui testimoni di giustizia e tra i relatori c'erano i magistrati Gian Carlo Caselli, Antonio Ingroia, Alfonso Sabella. Con loro, c'era Marco Minniti, il nuovo viceministro dell'Interno e presidente della Commissione centrale per la gestione dei testimoni di giustizia. Prese la parola Cecilia Dall'Oglio e raccontò tutti i disagi che da anni eravamo costretti a sopportare a causa della nostra scelta. Con il suo entusiasmo, Cecilia convinse mia sorella a partecipare ad attività di sensibilizzazione nelle scuole. Una volta, nascosta da una tenda, andò persino in una scuola di Scampia a raccontare ai ragazzi la nostra storia. Chiara ebbe anche la fortuna di conoscere meglio di me padre Dall'Oglio perché, quando tornava dal monastero di Deir Mar Musa che aveva fatto rivivere in Siria nella zona dove nell'antichità il patriarca Abramo aveva piantato la sua tenda, spesso era invitato a convegni a cui partecipava pure lei. Mi raccontava che a volte si accalorava fin quasi a rimproverare i relatori che si esprimevano con parole retoriche, dimostrando così di non conoscere la dura realtà dei suoi fratelli siriani, come lui li chiamava. In un'altra occasione, alla fine di un convegno, pioveva a dirotto e padre Paolo si offrì di accompagnare Chiara a casa con la sua auto. Era fatto così: possedeva una cultura sterminata e un carisma irresistibile. Al tempo stesso, era un uomo sempre disponibile con tutti e molto ironico. Una volta ci fece una proposta che ci spiazzò: «Venite con me in Siria al monastero, almeno per un po'. Troverete tante altre persone come voi che hanno sete di giustizia. Vi farà bene».

Purtroppo, non molto tempo dopo, scoppiò la guerra e il 29 luglio del 2013 arrivò la terribile notizia del suo rapimento. Cecilia e Francesca non volevano crederci. Poi, quando arrivarono le conferme, si rifugiarono nella preghiera. A volte, anche io e Chiara ci univamo a loro nella piccola chiesetta dove andavano. Da allora sono passati lunghi anni costellati di speranze e delusioni.

Anche se la nostra collaborazione con l'associazione di volontariato è terminata, l'amicizia con le sorelle di padre Paolo è più salda che mai: nella nostra solitudine, per me e per mia sorella è sempre un'immensa gioia andare a mangiare una pizza con Cecilia e Francesca, oppure solo sentire la loro voce al telefono. Ma noi desideriamo con tutto il cuore rivedere anche padre Paolo: in fondo, non gli abbiamo ancora dato una risposta al suo invito di andare da lui nel suo monastero in Siria.

16

Ancora speranze e delusioni

Non ci sentivamo più sole, ma continuavamo a vivere con la paura che mamma e Chiara venissero sfrattate da un giorno all'altro. Uno spiraglio di luce arrivò con la vittoria del centrosinistra alle elezioni del 2006. Come ho già scritto, alla presidenza della Commissione centrale per la gestione dei testimoni di giustizia al posto di Mantovano arrivò Marco Minniti. Pochi mesi dopo il suo insediamento, firmò una delibera che consentiva a Chiara e a mia madre di restare nell'alloggio.

Si insediò anche una nuova Commissione parlamentare antimafia, che decise di ascoltare la nostra storia, ancora una volta, insieme a quelle di un'altra ventina di testimoni. Alla fine delle audizioni, nel febbraio 2008, la Commissione approvò all'unanimità una relazione scritta dalla deputata del Pdl Angela Napoli in cui auspicava «un mutamento di mentalità, una diversa filosofia nell'approccio alla figura del testimone», con particolare cura alla selezione e alla formazione del personale preposto alla speciale protezione. In più si criticava «il modus operandi secondo il quale l'elargizione delle rilevanti somme di denaro assegnate ai testimoni possa risolvere qualsiasi tipo di problema, assumendo una sorta di significato liquidatorio rispetto a ogni obbligo dello Stato. Tali elargizioni hanno, infatti, tradito lo spirito della disposizione normativa, secondo la quale esse dovevano essere finalizzate alla realizzazione di un concreto e documentato progetto di reinserimento socio-lavorativo».

I soldi e una casa, scrivevano i parlamentari all'unanimità, non sono sufficienti a risarcire chi ha perso tutto per aiutare la giustizia. Non possiamo essere abbandonati senza una reale prospettiva di poter iniziare una nuova vita. E il personale delle istituzioni che ci segue deve capirlo e regolarsi di conseguenza. Noi invece siamo state prima vittime di mobbing, quando sul lavoro per due anni ci siamo sentite ripetere che non servivamo a niente, e poi siamo state trattate con indifferenza (quante telefonate al Ministero in cui di colpo la linea cadeva, o le lunghe attese per parlare con qualcuno che non arrivava mai...) o, peggio ancora, perseguitate con i tentativi di sfratto. Quella relazione avrebbe dovuto preludere se non a una nuova legge, almeno al mutamento dell'atteggiamento nei nostri confronti: in fin dei conti, eravamo (e siamo ancora...) appena una cinquantina di persone. Per lo Stato non sarebbe stato un grande sforzo a livello economico trovarci un lavoro con una nuova identità.

Ma con il nuovo Governo Berlusconi del 2008, al posto di Minniti tornò di nuovo Mantovano, il quale, incurante della relazione presentata dalla sua collega di partito Napoli, ripristinò la procedura di sfratto nei nostri confronti. E così, per l'ennesima volta i carabinieri si presentarono nella casa dove mamma e Chiara vivevano per mandarle via. E per l'ennesima volta tornarono indietro quando videro una lettera dei servizi sociali del Comune in cui c'era scritto: «Vista la situazione di particolare fragilità in cui vive l'intero nucleo familiare, si ritiene opportuno segnalare il caso agli uffici in indirizzo al fine di reperire congiuntamente, ognuno per le proprie competenze, ogni utile risorsa a loro sostegno».

Questa volta fu Chiara a dire basta. «Ci resta solo da fare una cosa», mi disse. «Tornare in Calabria e raccontare lì, dove tutto è iniziato, quello che ci hanno fatto. Ma tu ti sei già esposta abbastanza. Devo andarci da sola».

17

Il ritorno di Chiara in Calabria

Un cappellino in testa, una mascherina bianca a coprirle gli occhi, una maglietta blu con la scritta in rosso "'ndrangheta? No, grazie" e un sacco a pelo per dormire. Così Chiara, dopo diciassette anni, tornò in Calabria. Si piazzò davanti alla sede della Prefettura di Crotone e annunciò che non avrebbe toccato cibo fino a quando qualcuno non l'avesse ascoltata. Non si era mai vista una cosa simile dalle nostre parti: una protesta così plateale contro la 'ndrangheta e le inefficienze dello Stato.

E, per giunta, da parte di una donna.

La notizia in breve si sparse e arrivò un cronista della *Gazzetta del Sud* al quale Chiara, dopo aver raccontato la nostra storia, aggiunse: «Grazie a un prete ero stata presa in prova da un'agenzia. Dopo avermi detto che andava tutto bene, mi hanno chiesto di portare loro i miei documenti per regolarizzare l'assunzione. A quel punto sono stata costretta a portare i miei documenti scaduti e a raccontare la mia storia: l'assunzione non si è più fatta». Quando il giornalista le domandò se si fosse pentita della sua scelta, Chiara si voltò e mostrò la scritta stampata sul retro della maglietta. Era una frase di Giovanni Falcone: «Chi tace e piega la testa muore ogni volta che lo fa. Chi parla e chi cammina a testa alta muore una sola volta».

Il prefetto Varratta e altri funzionari incontrarono Chiara, manifestando attenzione per la sua vicenda. Quasi ogni giorno, le dicevano, provavano a chiamare il Ministero degli Interni per verificare se c'era la possibilità di fare qualcosa, ma ricevevano solo risposte elusive. I passanti, invece, anche se sapevano benissimo cosa stava facendo, facevano finta di nulla. Quasi sempre proseguivano il loro cammino senza degnarla nemmeno di uno sguardo. Solo un volontario della Caritas si fermò. Teneva per mano il suo bambino che porse a mia sorella un biscotto: lei sorrise, lo ringraziò, ma non lo accettò. Un giornalista rintracciò una vecchia compagna di scuola di Chiara, per chiederle conferma sulla sua identità. Rispose di non conoscerla, e non lo fece di certo per proteggerla, ma perché per lei non esisteva più.

Intanto il tempo passava: uno, due, tre, dieci giorni e notti di sciopero della fame. Alla fine mia sorella, stremata senza cibo sotto il sole di luglio, non ce la fece più e svenne. Arrivò un ambulanza e fu disposto il suo immediato ricovero in ospedale. Nella sua stanza, una mattina, si presentò una donna. Chiara, che era ancora molto debole, dal suo lettino la osservò per un attimo impaurita, poi la riconobbe: era la sua insegnante di filosofia ai tempi del liceo. Si avvicinò, le sussurrò in un orecchio «hai fatto bene», le diede un bacio e se ne andò.

Solo a quel punto, il presidente della Commissione centrale Mantovano decise di far sentire la sua voce. O meglio, si limitò a inviare un comunicato in cui con zelo burocratico rievocò la nostra vicenda, sottolineando come nel 2001 la Commissione da lui presieduta, «pur non essendo formalmente tenuta» aveva applicato le disposizioni della nuova legge sui testimoni di giustizia. Seguiva un elenco, pieno di inesattezze, sulle somme che lo Stato ci avrebbe elargito. Ma quello che non potevamo sopportare era il passaggio in cui si sottolineava che «alle due sorelle è stata offerta una concreta opportunità di lavoro», che non era andata a buon fine «per fatto esclusivamente attribuibile a loro, secondo quanto risulta da copiosa documentazione». La documentazione gli era stata fornita da quei funzionari che per due anni ci hanno ripetuto di restarcene a casa, che lì non avevano niente da farci fare e che tanto lo stipendio ci sarebbe arrivato lo stesso. Ma era la nostra parola contro la loro: e chi darebbe maggiore credibilità a due sorelle da anni reiette dalla società rispetto a quanto affermano integerrimi funzionari dello Stato?

Per questo, in un certo senso, arrivavo persino a capire la posizione di Mantovano, anche se non il suo distacco da un punto di vista umano, che fu rimarcato dalle persone che durante quei dieci giorni parlarono con Chiara. Il consigliere comunale Luigi Laporta, per esempio, dichiarò al *Quotidiano della Calabria*: «Il sottosegretario, quasi a voler giustificare l'operato dello Stato, è intervenuto elencando una serie di numeri freddi come il ghiaccio. Matematica allo stato puro. Null'altro. Che tristezza. Dall'onorevole Mantovano mi sarei aspettato ben altro, per una famiglia che ha avuto il solo "torto" di andare contro corrente. Di aver creduto alla giustizia terrena». Per poi aggiungere: «Mantovano, da buon meridionale, certamente sa che nella nostra Calabria, più che nella sua Puglia, le sentenze di morte si scrivono e si leggono nel più cupo silenzio, subito. Per eseguirle poi non c'è fretta. Si può aspettare per venti, venticinque anni. Prima o poi, se non sarà il padre, ci penserà il figlio a saldare il "conto". Le teste mozzate, le vendette eseguite dopo anni e anni di galera, lo sparare nel mucchio durante una partita di calcetto (a Catanzaro, ancora oggi, un bimbetto crotonese di 10 anni combatte da giorni contro la morte). Tutte cose che, evidentemente, non ci hanno insegnato nulla».

L'amarezza del consigliere era più che giustificata perché Chiara, quando si fu ripresa, tornò dalla Calabria con tanti attestati di solidarietà, ma nulla di concreto. Anche l'interrogazione parlamentare presentata dal senatore dell'Italia dei Valori Luigi Li Gotti cadde nel vuoto. Alla fine, anzi, il coraggio di mia sorella fu addirittura controproducente per noi. Pochi giorni dopo il suo ritorno, ricevemmo l'ennesima ingiunzione di sfratto e stavolta non ci fu verso: Chiara e la mamma furono costrette a lasciare l'alloggio. Come non pensare che tanta solerzia non fosse altro che una ritorsione contro il clamore da lei sollevato con la sua protesta? Fu uno strazio soprattutto per mamma che, come ogni persona anziana, soffrì nel vedersi strappare alle sue abitudini, a quelle stanze in cui aveva trascorso così tanto tempo e dove aveva vissuto gli ultimi anni insieme al suo amato marito. L'unica soluzione fu accoglierle a casa mia: era piccola, io avrei dovuto rinunciare alla mia autonomia, ma cos'altro potevamo fare? Non lavorando, se non saltuariamente, i soldi della buonuscita dal programma di protezione erano finiti e in più, contrariamente alle promesse che ci erano state fatte, i nostri beni in Calabria non erano ancora stati acquisiti dallo Stato.

Sempre in quell'anno l'associazione Libera di don Ciotti organizzò un'altra edizione di "Contromafie", la manifestazione che mette a confronto realtà pubbliche e private impegnate nella lotta alla criminalità organizzata. Tra i temi in discussione, c'era anche la condizione dei testimoni di giustizia. Per questo decisi di partecipare anche io. Mi ritrovai confusa tra persone che si guardavano attorno guardinghe, per paura che qualcuno le riconoscesse: erano altri testimoni come me. Tra i relatori di quella giornata, c'era anche Alfredo Mantovano. Salì sul palco e davanti a una platea affollatissima sostenne che grazie al suo operato tutti i casi irrisolti dei testimoni di giustizia avevano avuto esito felice. Molto probabilmente ignorava che in quella platea c'eravamo anche noi, altrimenti non avrebbe parlato con così tanta noncuranza. Ci guardammo esterrefatti, finché io d'impulso mi alzai di scatto e urlai contro di lui: «Sei un bugiardo! Lo sai che non è così. Non è vero che i testimoni sono quadruplicati da quando ci sei tu. La verità è che si trovano in condizioni economiche e sociali disagiate e privi di sostegno da parte dello Stato!». La gente seduta si girò a guardarmi, i giornalisti si avvicinarono a me per saperne di più. Chi era quella donna che aveva osato rivolgersi così a un sottosegretario all'Interno? Ma io mi misi subito a sedere e non dissi più nulla, orgogliosa ma allo stesso tempo intimorita per quello che avevo fatto. Allora, dopo un attimo di smarrimento, Mantovano replicò: «Non nego che per alcuni casi ci siano ancora problemi, però per risolverli possiamo parlare guardandoci negli occhi».

Il battibecco finì lì. Nei giorni successivi telefonai più volte alla sua segreteria, anche se in cuor mio non credevo che sarei riuscita a ottenere un nuovo appuntamento con lui per confrontarci a quattr'occhi come aveva promesso davanti a centinaia di persone. E infatti, andò così. Non lo rividi mai più.

18

Fragili nel corpo, forti nello spirito

Tutte queste delusioni alla fine presentarono il conto sulla mia salute. Io, che avevo sempre avuto una fame da lupo, cominciai ad avere un rapporto sempre più complicato con il cibo. Persi parecchi chili. La continua paura di essere scoperta e uccisa, unita alla frustrazione per come eravamo state trattate dallo Stato, mi portava ad essere sempre più diffidente verso chiunque. Ero diventata, o meglio eravamo diventate, dato che ormai vivevo in simbiosi con mia madre e mia sorella, tre persone che ogni giorno lottavano per tenere a bada due nemiche infide: l'ansia e la depressione. E questa volta, purtroppo, non era la nostra parola contro quella di qualcun altro.

Un medico legale dell'Inps mi visitò e concluse che soffrivo di un «disturbo ansioso-disforico di entità rilevante», una patologia «riconducibile ai fatti traumatici subìti nel corso della vita, ma anche, ed in parte assai rilevante, alla necessità del programma di protezione; in particolare appare che l'attuale condizione di allontanamento e frustrazione delle aspirazioni lavorative ed esistenziali sia legata al programma di protezione e poi all'uscita dallo stesso». Il medico concludeva così: «Sulla base di quanto sopra esposto, l'infermità di cui alla diagnosi sopraindicata determina una riduzione della validità della persona di ... (seguiva il mio nome), intesa come danno biologico, in misura pari al 30%. Si segnala un apprezzabile danno all'esistenza da valutare in altra sede e una sostanziale sovrapposizione della patologia a quella della sorella».

Nero su bianco, c'era scritto che la 'ndrangheta prima e lo Stato dopo ci avevano rovinato la vita.

Eppure, anche se fragili, io e Chiara dobbiamo considerarci fortunate. Perché dentro di noi conserviamo comunque una forza, irrobustita dalla fede in Dio, che ci ha consentito di continuare a lottare fino a ora.

La dimensione religiosa mi riporta alla mia giovinezza felice. Nel nostro paese l'andare in chiesa, la devozione verso i santi erano parte integrante della vita quotidiana. Ricordo con particolare nostalgia la celebrazione della Pasqua. Da bambini, con Chiara e i miei fratelli, seguivamo la processione mano nella mano, insieme ai genitori che ci guidavano. Ci univamo festosi agli altri bambini e tutti insieme, cantando, percorrevamo le stradine del paese, con le mani in tasca per tenere stretti i soldini che ci avevano dato mamma e papà, pronti per tirarli fuori quando apparivano le bancarelle, dove compravamo dolciumi e caramelle. La statua più bella che ricordo era una Madonna coperta con un mantello nero di velluto e stelline d'oro cucite sopra. Aveva un viso bianchissimo di neve candida, con gli occhi celesti che richiamavano il colore del mare che si intravedeva sullo sfondo. Il suo volto era solcato da lacrime e aveva le braccia protese in avanti verso un materassino dove era adagiato il corpo di suo figlio Gesù. Quel materassino era avvolto da veli bianchi, merletti e drappi ricamati di velluto rosso. Era stato cucito dalle nostre mamme: un lavoro certosino che aveva richiesto mesi e tanto amore. Tutto si mescolava ai profumi, agli odori del cibo che proveniva dalle bancarelle, allo zucchero fuso che si filava, pronto per noi bambini. Nei miei giorni più bui, mi rifugio nel ricordo di quella felicità così semplice e allo stesso tempo così assoluta.

19

«Meglio una figlia morta che una figlia disonorata»

Sopra ogni cosa, dobbiamo continuare a lottare perché siamo ancora vive. Quel bruttissimo 2009 si concluse con la tragica notizia della morte di un'altra donna calabrese che come noi si era ribellata alla 'ndrangheta: Lea Garofalo. Legata, imbavagliata, torturata, uccisa con un colpo di pistola alla nuca e poi sciolta in cinquanta chilogrammi di acido. Di Lea hanno parlato tutti, hanno pure girato una fiction sulla sua storia e a San Fruttuoso, il quartiere di Monza dove è stata uccisa, una targa la ricorda. Ma chi conosce la storia di altre donne che hanno osato rompere i codici della 'ndrangheta, come Angela Costantino, strangolata e subito sepolta a 25 anni nel 1994 dalla famiglia del marito, il boss di Reggio Calabria Pietro Lo Giudice, perché il bambino che portava in grembo non era suo? O come Maria Concetta Cacciola, che dopo essersi presentata ai carabinieri per cercare un futuro diverso per sé e per i suoi figli è morta a 31 anni nel 2011 perché costretta a ingerire dai suoi familiari acido muriatico?

In una cultura ancora fortemente maschilista come quella della 'ndrangheta (anche se negli ultimi anni abbiamo visto donne trasformarsi con ottimi risultati in boss dopo che i loro mariti erano finiti in galera) è assolutamente inammissibile che qualcuna decida di uscire da questo sistema o, peggio ancora, di denunciarlo. Proprio in ragione dei ruoli che storicamente alla donna sono affidati: trasmettere il codice mafioso ai figli fin dalla più tenera età in modo che la "dinastia" continui e, una volta grandi, combinare a tal scopo matrimoni convenienti con altri clan. Da questo punto di vista, la libertà sentimentale delle giovani è praticamente pari a zero e, se qualcuna ci prova, come è accaduto alla povera Angela Costantino, la sua sorte è segnata. «Meglio una figlia morta che una figlia disonorata», si sente ripetere.

Ma anche dall'altra parte della barricata ho dovuto constatare a mie spese che la cultura dominante nelle istituzioni è fortemente maschilista. Lo vedevo ogni giorno mentre lavoravo al Ministero dell'Interno. Sono sicura che, se fossi stata un uomo, mi sarei risparmiata le occhiate che dicevano chiaramente "ma questa cosa vuole?". Nessuno avrebbe osato mettere in dubbio la mia competenza di interprete e traduttrice a fronte del mio curriculum e della mia esperienza. Durante i colloqui con i funzionari della Commissione centrale di protezione, ho avuto la sensazione di essere veramente ascoltata solo quando ero con due uomini, i fratelli Verbaro. C'è poi un'altra differenza fondamentale che purtroppo ho potuto constatare in questi lunghi anni: la diversa sorte dei testimoni di giustizia siciliani e calabresi. I primi sono riusciti a organizzarsi in comitati e hanno trovato da parte delle istituzioni regionali ascolto e appoggio, tanto che ora quasi tutti hanno un impiego pubblico. Non a caso, il presidente dell'Associazione nazionale testimoni di giustizia è Ignazio Cutrò, un imprenditore siciliano che ha denunciato e fatto arrestare i suoi estorsori. Purtroppo la sua azienda non è più riuscita a risollevarsi, ma almeno ora lavora nel centro dell'impiego di Bivona, il suo paese.

Noi calabresi, invece, questa capacità di fare rete, di unirci per il bene di tutti, purtroppo non la possediamo. Prevale in noi l'ottuso orgoglio di potercela fare contando solo sulle nostre forze. I politici della nostra regione, d'altra parte, non hanno mai mostrato il minimo interesse nei nostri confronti. Così ci ritroviamo quasi tutti sradicati dalla nostra terra, con le nostre storie tutte simili che nessuno vuole ascoltare. E fatalmente più esposti alle vendette. Una lunga scia di sangue che arriva fino a Marcello Bruzzese, freddato con trenta colpi a 51 anni il giorno di Natale del 2018 a Pesaro. La sua unica colpa era di essere il fratello di un collaboratore di giustizia.

20

Una boccata di vita tra i giovani

"Scegli da che parte stare". Così si chiamava l'iniziativa che da qualche anno portava avanti la Caritas milanese. Io, con la mia famiglia, la mia scelta l'avevo fatta da tanti anni. Chiara aveva già trovato il coraggio per raccontarla agli altri. Ora toccava a me. La scorsa estate decisi di partecipare a due campi estivi: il primo a Castel Volturno, nel casertano, in un'altra villetta confiscata a un boss della camorra; il secondo in una villetta confiscata alla 'ndrangheta a Cisliano, un paesino nell'hinterland milanese.

Ci sono tante iniziative così. Giovani provenienti da tutta Italia si incontrano, partecipano a lezioni e convegni sulla storia delle mafie e sul loro contrasto, coltivano i terreni che un tempo appartenevano ai boss. Questi beni, usati in passato per pianificare azioni criminali, vengono restituiti alla società civile. Grazie a queste iniziative, l'antimafia acquista concretezza, rende tangibile il fatto che, al di là delle condanne penali, i boss possono essere colpiti in ciò a cui tengono di più: i simboli della loro ricchezza, del loro potere.

La villetta di Castel Volturno si trova a pochi passi dal mare; la si raggiunge seguendo una stradina contorta, fatta di terriccio, senza asfalto, tra cespugli secchi e spinosi e sacchetti di immondizia imputriditi dalla calura estiva. Con gli altri volontari, dopo aver raccolto fagiolini e preparato il pranzo nel giardino della villetta, ci si rilassava sulla spiaggia. Il mare mi impressionò. Pareva un ammasso d'acqua torbida, dove galleggiava una schiuma bianca, che si raccontava provenisse da una fabbrica lì vicino che stava per chiudere. E pensare che un tempo lì nel giardino e tra quelle stanze si rintanava il boss: c'era ancora il suo bunker.

Arrivai una mattina e trovai ad accogliermi gruppi di ragazzi, universitari e liceali. Mi presentai con il mio nome vero. Eravamo seduti in cerchio. Al mio turno dissi che ero una testimone di giustizia, venuta a raccontare la mia esperienza di legalità e che ero lì soprattutto per cercare nuovi amici, perché quelli che avevo li avevo persi tutti. Questa volta non volevo mentire, perché volevo capire come una testimone di giustizia viene considerata dalla gente e in particolare dai giovani. Avevo tante domande in testa: avrebbero avuto paura? avrebbero pensato che una testimone è una persona normale o che è una folle a fare una scelta che ti stravolge la vita? Per questo motivo scelsi di arrivare senza scorta, anche se sapevo che c'era qualcuno che mi sorvegliava a distanza, nascosto alla vista dei volontari. Preferii presentarmi da sola, perché la gente ha paura se vede che sei scortata, non si avvicina, spesso non ti saluta nemmeno.

Capii quanto è difficile raccontarsi, soprattutto per me che da anni vivevo nascosta e con una falsa identità. Scelsi di fermarmi per tutti e sette i giorni della durata del campo estivo, anziché solo per poche ore come avveniva per gli ospiti nei convegni. Volevo sentirmi "una di loro", far capire che una testimone è una persona come le altre, con le paure che vivono tutti. E che a chiunque un giorno potrebbe accadere di scegliere se denunciare un'ingiustizia o restare indifferenti. Iniziai a raccontare chi ero, cosa avevo fatto nella vita, le difficoltà con il Servizio di protezione, la mia vita che si era fermata. In quei giorni non mi aspettavo di ricevere così tanto affetto, solidarietà, condivisione. Dissi che i mafiosi sono uomini deboli che fondano il loro potere sull'omertà e che se ci ribelliamo tutti per loro è la fine.

Rientrata a casa, dopo pochi giorni rifeci la valigia e ripartii per una altra destinazione: Milano. L'hinterland di quella grande città mi sembrava diverso dalle periferie di Napoli: le strade asfaltate, l'erba delle aiuole verde e curata, i bidoni per la raccolta differenziata. Lungo le strade che tagliavano le campagne, si susseguivano centri commerciali nuovissimi. Tutto sembrava ordinato, mai avresti pensato che anche qui era arrivata la criminalità organizzata a tentare di dettare legge. Come a Castel Volturno, anche a Cisliano il bene confiscato a un boss della 'ndrangheta era una villa con un giardino, ora gestita dalla Caritas della zona guidata da don Massimo Mapelli, insieme a una rete di associazioni. In questo luogo ora così tranquillo, gli imprenditori che non pagavano il pizzo venivano picchiati brutalmente. Tutti dovevano capire come funzionavano le cose. Il clan gestiva attività di usura, estorsioni, gioco d'azzardo, faceva affari con la politica locale. Imprenditori con l'accento meneghino erano sottomessi o, in molti casi, collusi con la malavita calabrese, esattamente come accadeva con le aziende che operavano mille chilometri più a sud.

Nei giardini della villa a bordo piscina, fra statue di gesso raffiguranti ancelle e cavalli, i boss festeggiavano compleanni e matrimoni con uomini e donne della Milano bene.

In quella grande stanza dove per anni erano state progettate e messe in atto attività criminali, mi feci coraggio e iniziai a parlare. Mi dava forza vedere don Massimo a pochi metri da me. Seguendo l'esempio di don Lorenzo Milani, si occupava di giovani allo sbando a forte rischio di trasformarsi in manovalanza criminale. Li accoglieva tutti nella sua casa-comunità e cercava di raddrizzare le loro strade nel segno della legalità. Quella sera eravamo seduti in cerchio. Quando finii di parlare, don Massimo si alzò, mi venne incontro e si rivolse a tutti con parole che conoscevo: «A che serve avere le mani pulite se si tengono in tasca?». Questa domanda era il titolo di un bellissimo libro di don Milani che mi aveva regalato la mia cara amica Cecilia Dall'Oglio. Quella sera ricordai anche don Pino Puglisi, il prete che combatteva la mafia con il sorriso. Mentre mi rivolgevo ai ragazzi seduti attorno a me, citai una sua frase: «Bisogna prima conoscere, poi capire, infine agire». Fu ucciso nel 1993, l'anno in cui entrai nel programma di protezione. Il suo esempio di impegno, di umanità, di lotta per la giustizia, mi accompagna sempre.

Terminato il mio soggiorno, rientrai a casa in un pomeriggio di settembre. L'arrivo del mio treno in stazione fu accompagnato dal rumore della pioggia che si infrangeva senza sosta sul finestrino. Quando scesi mi ritrovai in una città allagata, che mi appariva sconosciuta. Arrivai sotto casa e a fatica trovai sul citofono il mio nome finto. Me ne ero scordata. Suonai. Mi aprì mia sorella che mi stava aspettando. Spinsi il pesante portone ed entrai di nuovo nel mio mondo, fatto di finzione.

21

Gaetano

Francesco, Luigi e poi c'è lui, Gaetano. Sì, il mio terzo fratello, oltre ai due che la 'ndrangheta mi ha portato via. Non ne ho parlato finora perché farlo mi costa sempre molta sofferenza. Ma alla fine mi sono decisa, perché forse è proprio lui la persona che ha pagato di più in tutta questa storia. Gaetano è il nostro fratellone, il più grande di tutti noi, ma è sempre stato anche il più fragile. Fin da piccolo ha alternato momenti di allegria ad altri in cui si rinchiudeva in se stesso. I suoi occhi si riempivano di una tristezza che nessuno, tantomeno lui, sapeva spiegare. Nonostante questo, la sua non è stata un'infanzia infelice. In paese lo conoscevano tutti e tutti gli volevano bene. A Gaetano piaceva tanto andare a scuola. E poi d'estate correre al mare a farsi una bella nuotata con gli amici. Questo piccolo mondo semplice e rassicurante svanì di colpo, quando ci trasferirono nella località protetta.

Nello spazio di una notte, si ritrovò in una casa sconosciuta, circondata da pallini bianchi che squarciavano il buio piombando chissà da dove e che sembravano sommergere tutto. Non aveva mai visto prima di allora la neve. Osservarla scendere non generava in lui stupore e gioia, ma anzi accresceva l'angoscia e il terrore che si erano impadroniti del suo animo da quando eravamo partiti. Dove erano finiti la sua casa, il suo mare, i suoi amici? Erano le stesse domande che tormentavano pure noi, ma la sua sensibilità così delicata lo faceva soffrire immensamente. Il risultato fu che Gaetano si chiuse ancora di più nel suo mondo. Non parlava quasi più nemmeno con noi.

Un mattino trovammo il suo letto vuoto. Disperati, lo cercammo dappertutto in quella città per noi ignota, senza risultato. Finché ci arrivò una telefonata dalla polizia. Non si sa come, ma Gaetano era riuscito a ritornare nel nostro paese, giù in Calabria. Si era comprato una tenda e ora era deciso a vivere sulla spiaggia, davanti a quel mare che tanto amava. Quando lo rivedemmo, fu durissima convincerlo a tornare con noi. Sapeva bene perché eravamo stati costretti ad andarcene, sapeva delle persone cattive che avevano ucciso i suoi due fratelli e che potevano fare del male anche a noi e questi dolori, uniti al trauma del trasferimento, fecero precipitare la sua salute psichica. La diagnosi dei medici fu: schizofrenia.

Quando ancora vivevamo in Calabria, Gaetano già percepiva un sussidio di invalidità. Nella località protetta, per lunghi mesi fu impossibile riscuoterlo. Dal Ministero ci dissero che, se avessimo voluto, avremmo dovuto recarci nell'ufficio postale del nostro paese, come avevamo fatto prima del trasferimento. A nostro rischio e pericolo, però, dato che non ci sarebbe stata garantita la scorta. L'ennesima assurdità che eravamo costretti a subire. Ma ciò che ci faceva più rabbia era che, all'aggravamento delle condizioni di salute di Gaetano, corrispose un peggioramento delle sue cure. In Calabria era da anni seguito da uno psichiatra, che di volta in volta lo visitava e gli prescriveva le medicine. Nella nostra nuova condizione, come ho già scritto, per ogni necessità eravamo costretti ad andare al pronto soccorso dove, senza documenti né cartelle cliniche, dovevamo confidare nel buon cuore di un medico. Eppure, un po' alla volta, Gaetano riuscì a adattarsi alla nostra nuova vita. Ogni mattina usciva a farsi una passeggiata e si fermava in un bar, frequentato da persone che impararono a conoscerlo e a trattarlo con umanità e simpatia.

Purtroppo durò poco. I continui tentativi di sfratto, tutti quei poliziotti che ogni volta entravano in casa per mandarci via, e soprattutto la morte del suo amato papà, diedero il colpo di grazia alla sua fragile mente. Gaetano cominciò a rifiutare ogni tipo di cura, anche le medicine per il diabete di cui nel frattempo si era ammalato. Alla fine fummo costrette a prendere una decisione a cui mai avremmo pensato: farlo ricoverare in una clinica.

Da anni ormai vive lì. Io, Chiara e nostra madre lo andiamo a trovare regolarmente e ci sembra che stia bene, che abbia almeno riacquistato un minimo di serenità. Lui è sempre felice di vederci e di raccontarci le sue giornate. C'è solo una cosa di cui non parla mai: la Calabria. Il dolore che porta dentro per tutto ciò che quella terra ha rappresentato per lui è troppo grande. Meglio cercare di nasconderlo, finché si può.

22

Cambia tutto, ma non per noi

In questi ultimi anni molte cose sono cambiate per i testimoni di giustizia. La Commissione antimafia che si insediò all'indomani delle elezioni del 2013 stilò l'anno successivo l'ennesima relazione sui testimoni di giustizia in cui parlò di un sistema «inesorabilmente invecchiato» che «deve ritrovare la sua strada». Dopo un lungo iter, nel gennaio del 2018 è stata finalmente approvata una nuova legge che recepisce anni di nostre battaglie.

Rispetto al passato, la permanenza nella località d'origine del testimone deve essere considerata la regola e il trasferimento in una località protetta l'eccezione, per evitare lo sradicamento e l'isolamento sociale di cui sono stata vittima con la mia famiglia. Al testimone viene inoltre riconosciuto il pagamento delle spese per le esigenze sanitarie, l'assistenza legale e, se non può conservare il posto di lavoro nel luogo in cui vive, il diritto al trasferimento presso altre sedi o comunque la ricollocazione in una struttura pubblica. Se perde l'occupazione a causa della testimonianza resa, la norma prevede «il reperimento di un posto di lavoro, ancorché temporaneo, equivalente per posizione e mansione a quello precedentemente svolto». In più, la legge prevede la presenza di tutor, esperti di previdenza e contabilità per aiutare i testimoni a sbrigare le pratiche burocratiche e amministrative, nonché di psicologi che garantiscano il necessario supporto in tutte le fasi successive all'inserimento nel programma di protezione. Sono tutte misure sacrosante, da cui però noi siamo esclusi. La legge, infatti, si applica non a tutti i testimoni, ma solo a chi, dal momento dell'approvazione, rientra in un programma di protezione. L'ennesima beffa, insomma.

Contemporaneamente, ho continuato a lottare sul fronte giudiziario per ottenere il cambio di generalità e l'assunzione in un posto pubblico. Come ho già scritto, avevo rifiutato una nuova identità al momento dell'uscita dal programma di protezione per non perdere i miei titoli di studio. Ma in questi anni la normativa è cambiata e ora potrei mantenere la mia laurea anche con un nome diverso. E vivere quindi più sicura. Sembrerebbe una decisione semplice, dettata dalla logica, oltre che dall'umanità. Eppure, per il giudice che ha deliberato sul mio caso, dalla scelta compiuta più di venticinque anni fa di non cambiare il mio nome non si può più tornare indietro. Idem per l'assunzione in un ente pubblico, soluzione a cui in questi anni hanno avuto accesso decine di persone che si trovavano nella mia condizione. Dal momento che nel 2000 la Procura di Crotone aveva espresso un parere negativo a questa possibilità, per il magistrato quel documento vale anche oggi. Il fatto che la normativa sui testimoni di giustizia sia da allora totalmente cambiata non conta nulla.

Nella richiesta di archiviazione del mio procedimento, inoltre, il pubblico ministero che ha seguito il mio caso è tornato sulla mia scelta di licenziarmi dal lavoro che mi era stato offerto al Ministero dell'Interno, a causa di tutte le umiliazioni che ho subìto. Ha scritto il magistrato: «Quand'anche si volesse ritenere che tale fuoriuscita fosse stata dolosamente causata da abusi di ufficio dei pubblici funzionari preposti alla trattazione del caso, i reati risulterebbero in ogni caso ampiamente prescritti. Ciò anche laddove si volesse ritenere che il volontario licenziamento sia stato causato da indebite pressioni ricevute o molestie sul posto di lavoro». Nero su bianco, lo Stato certificava che il tempo aveva cancellato tutto: i miei diritti di testimone e di donna non valevano più. Le occasioni per rifarmi una vita mi sono state date: se non sono riuscita a coglierle, è stata solo colpa mia.

C'era però chi all'interno dello Stato non la pensava così: il sottosegretario all'Interno Luigi Gaetti, del Movimento 5 Stelle, che presiedeva la Commissione centrale per la definizione e applicazione delle speciali misure di protezione. Ho avuto modo di incontrarlo in un paio di occasioni in contesti non ufficiali e di raccontargli per sommi capi la mia storia. Lui si è mostrato molto disponibile. Più volte, ha sostenuto pubblicamente la necessità di occuparsi anche delle persone uscite dai programmi di protezione, ma che per vari motivi non sono riuscite a reinserirsi nella vita sociale. Ha stabilito un calendario di audizioni, in cui ero stata inserita pure io. Avrei dovuto incontrarlo nel settembre del 2019, ma ad agosto il Governo è caduto, lui ha lasciato il suo incarico e così devo ricominciare di nuovo tutto da capo.

Intanto Vincenzo, l'assassino di mio fratello Luigi, sta ancora scontando l'ergastolo. Dei miei due cugini condannati, uno è ancora dentro, l'altro, appena uscito di prigione, ha fatto subito perdere le sue tracce: evidentemente ha ancora paura che qualcuno possa fargliela pagare per qualcosa che ha fatto. Del resto, anche se sono passati venticinque anni, dalla polizia ci hanno assicurato che una pattuglia passa con regolarità sotto casa nostra, per verificare eventuali presenze sospette. Anche perché nulla sembra essere cambiato al mio paese. La gestione pubblica è stata affidata a un commissario, dopo che il sindaco è stato arrestato per mafia. Il boss della famiglia che abbiamo contribuito a far arrestare è in carcere, ma pure da lì riesce a comandare come dimostrano alcune intercettazioni. Ogni tanto penso con un brivido che se decidessi di tornare in Calabria, lui lo saprebbe subito.

23

Un fantasma pieno di vita e di amore

Il paesaggio crotonese che ho lasciato è un insieme di piante, colori e profumi che si fondono sotto un sole accecante e creano uno spettacolo che avrebbe fatto la gioia di un pittore impressionista. Su quelle terre crescono fiori di camomilla, sambuco, malva, origano, anice stellato, piante di liquirizia e di fichi d'India, il peperoncino che si aggiunge a qualsiasi piatto. E poi alberi di agrumi con limoni, clementine e arance sanguigne. O con rami colmi di gelso, carrube, giuggiole, fichi. Ma più di tutto ricordo le file di pomodori rossi che sembravano esplodere sotto il sole.

In estate dedicavamo almeno una settimana a preparare le conserve di pomodoro: in parte tagliuzzati e in parte tritati in salsa, i pomodori venivano stipati, come si dice da noi, in bottiglie o in barattoli di vetro e fatti bollire dentro una pentolaccia su un fuoco acceso direttamente sulla spiaggia. Mentre nei miti inverni, in ogni casa si ammazzava il maiale, che durante l'anno era stato nutrito con gli avanzi della cucina. Quest'evento diventava un'occasione per ritrovarsi con i parenti: per una decina di giorni, si passavano le serate insieme intorno al camino a gustare la carne arrostita. Per i vicini di casa, c'erano le "parti". A ognuno veniva portata una guantiera contenente una razione di pancetta, una bistecca e pezzi delle interiora. Era il modo di renderli partecipi di un momento che per noi aveva un alto valore simbolico: mantenere viva l'amicizia anno dopo anno. Il maiale veniva tagliato in grandi tranci per il prosciutto, il capocollo, la pancetta, mentre porzioni più piccole venivano tagliate a mano per le salsicce e le soppressate. Tutto veniva salato, pepato, e a distanza di giorni i salumi venivano appesi alle pertiche, pali sottili legati al soffitto con delle corde. Rimanevano lì ad asciugare, solo con il calore e il fumo del focolare, senza nient'altro.

Sono tutte immagini, queste, che mi tornano alla mente e mi fanno compagnia nelle mie giornate vuote. Non ho più nessun legame con quelle persone con cui sono cresciuta: allora, mi sarebbe sembrato impensabile che da un giorno all'altro non avrei più visto né sentito i miei zii, i miei cugini, le mie amiche con cui giocavo fin da bambina. Eppure è andata così. Il nostro unico legame con quel passato è un'amica di mamma, anziana come lei. Ogni tanto si sentono al telefono, lei le racconta i piccoli fatti che accadono in paese e la rassicura: la tomba di Francesco è sempre pulita e i fiori che lei porta sono sempre freschi.

Da parte mia, ho pensato tante volte di trasferirmi all'estero, magari di tornare a Parigi dove ho vissuto i miei anni più felici. Lì non dovrei guardarmi intorno a ogni angolo mentre cammino e soprattutto sarei considerata dagli altri per quella che sono: una donna con i suoi studi, la sua cultura, la sua sensibilità e non con il fardello che la mia condizione di testimone di giustizia si porta sempre con sé. Ma chi si occuperebbe poi di mamma e di Gaetano? Solo Chiara? Non sarebbe giusto per lei e comunque non le abbandonerei mai. E poi non sarebbe giusto neppure per me. Nonostante tutte le delusioni che ho ricevuto, continuo a credere di aver diritto, per il contributo che ho dato allo Stato, di poter avere un'opportunità di lavoro che mi restituisca la mia dignità in Italia, nel mio Paese.

Nell'attesa, le mie giornate trascorrono tutte uguali. Al mattino, faccio colazione, mi vesto, mi trucco, saluto mamma e Chiara e poi esco. «Buon lavoro, dottoressa Marianna», mi dice la vicina di casa quando mi incrocia sul pianerottolo. Quando sono venuta ad abitare qui, le ho detto che lavoravo per conto del Ministero dell'Interno e da allora lei pensa che sia ancora così. Invece inizio a camminare per le strade della città. A volte entro in una biblioteca a leggere o in una chiesa a pregare. Ma spesso vago senza una meta precisa. Mi tornano ancora alla mente le parole di Mattia Pascal, il protagonista del romanzo di Pirandello che, per sfuggire alla sua esistenza grama e incolore, approfittando del fatto che i suoi parenti hanno riconosciuto nel cadavere di un suicida proprio lui, si inventa una nuova vita come Adriano Meis. Ma presto si accorge che la libertà conquistata è solo un'illusione e commenta con amarezza: «Stanco, entravo in un caffè, leggevo qualche giornale, guardavo la gente che entrava e usciva. Alla fine, uscivo anch'io. Ma la vita, a considerarla così, da spettatore estraneo, mi pareva ora senza costrutto e senza scopo».

Uno spettatore estraneo alla vita: così mi sento. Come il personaggio di Pirandello, devo ricordarmi di continuo di «non accostarmi troppo alla vita altrui, di sfuggire ogni intimità e contentarmi di vivere così, fuor fuori».

In questi anni mi sono più volte iscritta in una palestra. Un po' perché mi piace tenermi in forma e sfogare con l'esercizio fisico tutta la rabbia che ho dentro. Ma soprattutto perché così ho modo di parlare con qualcuno che non sia mia mamma o mia sorella. Il problema è che c'è un livello di confidenza oltre il quale so di non potermi mai spingere. La simpatia verso una persona non può mai trasformarsi in amicizia, che è fatta di complicità e condivisione. Come scrive ancora Pirandello: «Come avrei potuto io confidare a qualcuno il segreto di quella mia vita senza nome e senza passato, sorta come un fungo dal suicidio di Mattia Pascal? Io potevo avere solamente relazioni superficiali, permettermi con i miei simili solo un breve scambio di parole aliene». E io come potrei raccontare che da venticinque anni vivo come un fantasma perché la 'ndrangheta ha ucciso due miei fratelli e ha giurato di vendicarsi di me? Chi vorrebbe intrecciare un vero rapporto di amicizia dopo una rivelazione simile?

Una volta, in una palestra, mentre mi stavo cambiando, una ragazza molto simpatica si è avvicinata e mi ha chiesto: «Ho sentito che lavori al Ministero dell'Interno. Anch'io. Ma in che sezione? Non ti ho mai sentita nominare…». Io ho raccolto di corsa le mie cose e ho farfugliato: «Scusami, sono di fretta, ci vediamo la prossima settimana». Ovviamente, in quella palestra non ci ho più rimesso piede.

Il copione si ripete con gli uomini. In questi anni ho avuto delle relazioni, che si sono interrotte quando lui mi ha fatto delle richieste del tutto normali, ma per me impossibili da soddisfare, come venirmi a prendere al lavoro o conoscere la mia famiglia. Ancora una volta, mi tornano alla mente le parole di Pirandello: «Ecco quello che restava di Mattia Pascal, morto alla stia: la sua ombra per le vie di Roma. Ma aveva un cuore, quell'ombra, e non poteva amare; aveva una testa, ma per pensare e comprendere che era la testa di un'ombra e non l'ombra di una testa».

La cosa che mi pesa di più è mentire. C'è chi lo fa senza problemi, anche con un certo gusto, persino se non ne ha bisogno. Io invece, che fin da bambina non ho mai amato dire bugie, ogni giorno sono costretta a inventare storie se voglio mantenere un minimo di relazioni sociali. E questo mi fa molto soffrire: quante volte ho avuto la tentazione di urlare il mio vero nome e di raccontare chi sono davvero!

Una volta, per tenermi in esercizio, mi sono iscritta a un corso d'inglese. Durante una lezione, l'insegnante scrisse sulla lavagna una parola, "witness", e mi chiese il suo significato. Sentii un brivido lungo tutto il corpo, perché quella parola in italiano vuol dire "testimone". Come per un riflesso, provai paura e risposi che non la conoscevo. Ma lui mi incalzò: «If you witness a crime, what do you have to do?» (Se sei testimone di un crimine, cosa devi fare?). Questa volta risposi subito, senza pensarci, guardandolo fisso negli occhi e alzando la voce, tanto che penso di averlo persino un po' spaventato: «I will go to the police to report the crime» (Andrò dalla polizia a denunciare il crimine). Per un momento, mi ero tolta la mia misera maschera, ero tornata ad essere me stessa, avevo recuperato il mio orgoglio. Ero felice, come non mi capitava da anni. Scendendo le scale al termine della lezione, pensai a come sarebbe bello tornare a rivolgermi agli altri con sincerità, come avevo fatto in quei pochi istanti. E allo stesso tempo pensai che, nonostante tutto quello che ho passato, rifarei tutto quello che ho fatto: se sei testimone di un crimine, vai a denunciare. Punto e basta.

Da ragazzina sognavo di imparare le lingue, di lavorare un po' all'estero e poi di ritornare al mio paese. Lì avrei aperto un piccolo albergo e, con le conoscenze maturate viaggiando, avrei attirato clienti stranieri che sarebbero rimasti incantati dalla bellezza delle nostre terre. Non era una cattiva idea. Tanti borghi quasi disabitati sono tornati a nuova vita grazie alla presenza di francesi, inglesi, danesi, olandesi che, venuti una volta in Calabria in vacanza, non se ne sono più andati: hanno acquistato per pochi spiccioli le case abbandonate e le hanno trasformate in residenze private o in splendidi bed and breakfast. Anche la nostra casa sarebbe perfetta per questo uso. Ma io mi accontenterei anche solo di rivederla un giorno, di ritrovare le nostre vecchie foto, la mia tesi conservata in un cassetto e soprattutto di toccare e di ammirare il corredo che con tanto amore mamma aveva preparato per me per quando mi fossi sposata. E poi, dopo aver fatto tutto questo, correre in spiaggia e farmi una lunghissima nuotata, finalmente libera.

APPENDICE

Identikit della 'ndrangheta

Le sue attività sono ramificate in tutti i continenti, dal Canada all'Australia, ma le decisioni più importanti vengono prese in uno sperduto paesino dell'Aspromonte, San Luca. È l'organizzazione criminale più potente e ramificata non solo in Italia, ma nel mondo intero e ha le sue radici nella regione più povera del nostro Paese, la Calabria. Dietro a queste apparenti contrapposizioni, si nascondono invece le ragioni della forza della 'ndrangheta.

L'etimologia

Sull'origine della parola 'ndrangheta ci sono due scuole di pensiero. La prima fa derivare il termine dal greco *andragathos,* con cui si designa un uomo coraggioso, valoroso, che non si tira indietro di fronte a nulla; la seconda sostiene invece che la parola tragga origine dal latino *interanĕa*, "interiora, intestini", assumendo dunque un significato metaforico: quello di un gruppo unito da un legame profondo e caratterizzato da chiusura verso l'esterno.

Le due interpretazioni non si contraddicono, ma si completano. La 'ndrangheta è infatti un sodalizio criminale fondato su legami di sangue tra i componenti, ciascuno dei quali deve essere pronto a dare la vita per gli altri, e dove la segretezza e la fedeltà sono considerate le massime virtù.

La storia

La 'ndrangheta si diffonde in Calabria tra Settecento e Ottocento come organizzazione, nota con il nome di "picciotteria", dedita a reati legati all'agricoltura: furti di animali, danneggiamenti a proprietà. Ma fin da subito manifesta il suo interesse a infiltrarsi nelle istituzioni: i politici locali si servivano dei picciotti per minacciare gli avversari. Già nel 1869 le elezioni amministrative di Reggio Calabria furono annullate per infiltrazioni mafiose.

Ma il vero salto di qualità la 'ndrangheta lo compie a partire dalla seconda metà del secolo scorso, grazie a due eventi. Il primo fu l'enorme mole di denaro che si riversò in Calabria per realizzare due strategiche opere pubbliche: il polo siderurgico di Gioia Tauro e l'autostrada Salerno-Reggio Calabria. Le cosche misero le mani su entrambe, aumentando esponenzialmente le loro entrate. Il secondo fu la scelta di puntare su un business assai redditizio: i sequestri di persona a scopo di estorsione. In tutto, furono 694 gli uomini, le donne e i bambini rapiti. I casi più celebri furono quello del 1973 di John Paul Getty III, nipote del petroliere John Paul Getty I, che si decise a pagare il riscatto solo dopo che al nipote venne mozzato un orecchio, e di Cesare Casella, un diciottenne di Pavia che, sequestrato nel 1988, rimase prigioniero per 743 giorni.

Gli enormi proventi accumulati in questi anni vennero reinvestiti nel traffico di droga. I boss con i loro broker cominciarono ad avere rapporti sempre più stretti con colombiani, turchi, messicani, afghani, libanesi e in breve il porto di Gioia Tauro si è trasformato nel centro di smistamento più importante del Mediterraneo per il traffico di cocaina. Di pari passo si è estesa in forma tentacolare la presenza 'ndranghetista nelle altre regioni d'Italia, facilitata dalla crisi economica della fine del decennio scorso. Un'infiltrazione che è avvenuta in silenzio, senza nemmeno fare la fatica di mostrare il volto duro. Come dimostrano ormai decine di processi, sono spesso specchiati imprenditori del Nord a rivolgersi spontaneamente ai boss per intimidire concorrenti, per ottenere manodopera a basso costo e per smaltire abbattendo i costi tonnellate di rifiuti tossici.

Tutto questo è potuto avvenire perché per decenni lo Stato ha trascurato la 'ndrangheta, concentrando i suoi sforzi sulla camorra e sulla mafia siciliana, specie dopo la stagione delle stragi. I boss calabresi sono stati considerati per troppo tempo solo come dei rozzi pastori, dediti a crudeli rituali arcaici, che, a ondate, si ammazzavano tra di loro e quindi non rappresentavano un'emergenza per la collettività.

La realtà è che oggi la 'ndrangheta è la quarta "azienda" italiana per volume d'affari, con un fatturato annuo di circa cinquanta miliardi di euro, è attiva in trenta nazioni con quattrocento cosche (166 solo in Calabria) e sessantamila affiliati. Eppure i segnali di questa tumultuosa espansione si potevano cogliere per tempo. Il Comune di Bardonecchia, celebre meta turistica per i piemontesi a due passi dalla Francia, è stato sciolto per infiltrazioni della 'ndrangheta già nel 1995 (la stessa sorte è toccata nel 2016 a Brescello, il placido paesino emiliano teatro delle avventure di don Camillo e Peppone).

All'estero invece si sono accorti che la 'ndrangheta non è un fenomeno folcloristico quando nel 2007 in Germania, davanti a una pizzeria di Duisburg, sei uomini, quasi tutti giovanissimi, furono massacrati con settanta colpi d'arma da fuoco. Era l'epilogo della faida di San Luca, iniziata ben quindici anni prima.

Da noi magistrati e forze dell'ordine hanno inferto colpi durissimi all'organizzazione. Due operazioni su tutte: quella denominata "Crimine-Infinito", portata a termine dalle direzioni distrettuali antimafia dei tribunali di Reggio Calabria e Milano a partire dal 2003, che è culminata con l'arresto e la successiva condanna di più di duecento persone tra Lombardia e Calabria; e quella nota come "Rinascita-Scott" del dicembre scorso, condotta dai carabinieri del Ros e del Comando provinciale di Vibo Valentia con il coordinamento della Dda di Catanzaro che ha disarticolato tutte le organizzazioni di 'ndrangheta operanti nel Vibonese, coinvolgendo 416 persone tra cui politici, avvocati, commercialisti, funzionari dello Stato.

Importanti segnali di risveglio sono giunti pure dalla società civile, a partire dal movimento "Ammazzateci tutti", nato nel 2005 come reazione da parte dei giovani calabresi all'omicidio del vicepresidente del Consiglio regionale Francesco Fortugno. Solo la politica, sia a livello locale che a livello nazionale, continua a riempirsi la bocca di belle parole, mentre nei fatti pratiche come il voto di scambio e le collusioni più o meno organiche con le cosche dimostrano che nulla ancora è cambiato.

La struttura

L'organizzazione della 'ndrangheta è molto stratificata, ma ha alla base un nucleo che regge tutto: la famiglia, che nel gergo mafioso si chiama 'ndrina. Più 'ndrine legate tra loro formano la Locale, che controlla un determinato territorio.

I legami tra le famiglie sono basati sulla parentela: membri dell'una e dell'altra si sposano tra loro generazione dopo generazione, creando così un vincolo inestricabile. La strage di Duisburg, come si è detto, fu la conclusione di una faida che oppose per decenni quattro famiglie: da una parte i Nirta-Strangio, dall'altra i Pelle-Vottari.

Il peso determinante della famiglia è la caratteristica che più distingue la 'ndrangheta da altre organizzazioni criminali come la camorra e Cosa Nostra ed è il motivo cruciale che l'ha portata a prevalere, perché per molto tempo (ora per fortuna le cose stanno cambiando, per merito in larga parte delle donne che non vogliono per i loro figli lo stesso destino dei padri) l'ha resa immune dal pentitismo: non si collabora con la giustizia se questo significa mandare in galera tuo marito, tuo fratello, tuo cugino, tuo figlio.

Si diventa 'ndranghetista oltre che per nascita, in quanto cioè appartenenti a una famiglia mafiosa, per "battesimo", cioè tramite un rito di affiliazione che lega il nuovo arrivato all'organizzazione fino alla morte. Fino alla metà degli anni '80 dunque non esisteva nella 'ndrangheta un'organizzazione verticistica come la Cupola di Cosa Nostra. Ma con l'espansione del giro d'affari in Italia e poi nel mondo si è reso necessario un maggior coordinamento territoriale, anche per appianare le guerre tra le varie cosche. La Calabria è stata quindi suddivisa in tre mandamenti: la Piana o mandamento tirrenico (Piana di Gioia Tauro), la Montagna o mandamento jonico (la Locride) e la Città (Reggio Calabria). Queste tre strutture, come tutti i Locali al di fuori della Calabria e dell'Italia, stanno al di sotto di una commissione definita Provincia o Crimine di Polsi, una vera e propria Cupola così chiamata perché i membri si riunivano nel santuario di Polsi. L'uso del passato è dovuto al fatto che negli ultimi anni, grazie all'impegno delle forze dell'ordine, dei magistrati e al contributo fondamentale del clero, il santuario sembra tornato ad essere solo un luogo di preghiera.

Vanno ricordati, a tal proposito, il vescovo di Locri-Gerace Giuseppe Fiorini Morosini che nel 2010, in occasione della festa solenne della Madonna di Polsi, tuonò: «In questo santuario si è consumata l'espressione più terribile della profanazione del sacro ed è stato fatto l'insulto più violento alla nostra fede e alla tradizione religiosa dei nostri padri»; e l'altro vescovo di Locri, Francesco Oliva, che nel 2017 ha destituito dalla carica di rettore del santuario don Pino Strangio, attualmente imputato nel processo Gotha sui legami tra 'ndrangheta e massoneria.

Resta il fatto che i Locali sparsi in tutto il mondo sono autonomi nei rispettivi territori, ma la loro esistenza deve comunque essere riconosciuta dal Crimine, a cui spettano sempre una parte dei guadagni. La 'ndrangheta è insomma ormai una holding mondiale, ma la guida resta sempre saldamente in Calabria.

Il ruolo della donna

In apparenza, le donne nella 'ndrangheta sembrano rivestire un ruolo di assoluta subalternità. Solo gli uomini hanno infatti il diritto di essere riconosciuti formalmente come membri dell'organizzazione, di essere ammessi ai riti di iniziazione, fin dalla più tenera età (il taglio delle unghie dei piedi dei neonati figli di affiliati). Alla donna sembra essere riservato il tradizionale ruolo che le assegna la società contadina: badare alla casa e all'educazione dei figli. In realtà proprio attraverso quest'ultimo compito le donne di 'ndrangheta hanno da sempre svolto una funzione fondamentale per perpetuare l'organizzazione: sono loro infatti a instillare nei bambini fin da piccoli il culto dell'onore e del sangue, della vendetta da portare a compimento quando il loro padre è morto o in galera per potersene occupare personalmente. Dietro ogni faida ci sono loro, madri spesso invecchiate precocemente, vestite di nero, con il loro carico di odio da tramandare.

Le ragazze poi vengono usate come merce di scambio per combinare matrimoni tra le famiglie che servono a saldare nuove alleanze o a sigillare un patto di pace dopo una faida.

Negli ultimi decenni, da quando molti clan sono stati decimati dagli omicidi o dagli arresti dei boss, la condizione delle donne all'interno della 'ndrangheta è molto cambiata. Hanno iniziato a svolgere ruoli attivi, dalla custodia delle armi alla protezione dei latitanti, dall'acquisizione e al recapito di informazioni al trasporto di sostanze stupefacenti. Un salto di qualità dovuto anche al fatto che nei processi, anziché essere condannate per associazione a delinquere come i loro uomini, per molto tempo in genere se la cavavano con il ben più mite reato di favoreggiamento.

Con l'espansione delle cosche nel Nord Italia, il ruolo delle donne è diventato ancora più rilevante. Gli investigatori si trovano di fronte sempre più spesso non più figure femminili semianalfabete, succubi dei loro padri e mariti, ma giovani donne che hanno studiato, magari addirittura con una laurea in tasca, e che usano queste competenze per guidare le più complesse operazioni finanziarie della loro 'ndrina. Molte donne di 'ndrangheta insomma, a dispetto di un'organizzazione formale che resta rigidamente maschilista, nei fatti vanno considerate alla pari dei boss uomini.

Indice

Stampa: Elcograf S.p.A.